U0607152

少**讲**多**学**，
让课**堂动**起来

——以学生为本的
30个小学教学活动工具

王文利　余　新　主编

汪文琪　副主编

化学工业出版社

·北京·

内容简介

本书将学校一线教师们自创的教学活动的流程、图表、游戏、活动、教具等汇集整理成 30 个小学课堂教学活动工具，这些工具覆盖了小学语文、数学、英语、美术、科学、体育、音乐、道德与法治等各个学科，且经过老师们反复实践验证和精心打磨。每个工具按照课堂教学环节分类，包括主要功能、简洁使用流程、课堂案例情境和实践效果反思等内容，易懂、易用，操作性强。书中还辅以教学活动工具的应用课例，以期能为一线教师们提高课堂教学实战能力带来启发与借鉴。

图书在版编目（CIP）数据

少讲多学，让课堂动起来：以学生为本的 30 个小学教学活动工具 / 王文利，余新主编 . -- 北京：化学工业出版社，2022. 9
ISBN 978-7-122-41886-9

Ⅰ.①少… Ⅱ.①王… ②余… Ⅲ.①小学 — 教具 — 教学研究 Ⅳ.①G623

中国版本图书馆 CIP 数据核字（2022）第 130722 号

责任编辑：高　霞　杨骏翼　王　璇
责任校对：宋　玮
装帧设计：关　飞

出版发行：化学工业出版社
　　　　　（北京市东城区青年湖南街 13 号　邮政编码 100011）
印　　装：大厂聚鑫印刷有限责任公司
710mm×1000mm　1/16　印张 15½　字数 265 千字
2023 年 5 月北京第 1 版第 1 次印刷

购书咨询：010-64518888　　售后服务：010-64518899
网　　址：http://www.cip.com.cn
凡购买本书，如有缺损质量问题，本社销售中心负责调换。

定　　价：59.00 元
版权所有　违者必究

参与编写人员名单

主　　编：王文利　余　新

副 主 编：汪文琪

编写人员：朱嵩寰　王梦卿　左　阳　狄　静　孙　靖
　　　　　王玛丽　王　蕊　李泽杰　果　红　张　茜
　　　　　杨　柳　任小飞　郭文珊　吴国彦　陈宇婷
　　　　　岳菲菲　张　朋　刘丽萍　周国贞　白　静
　　　　　冯　磊　李　娜　冯丽彤　李　佳　张素苓
　　　　　李小龙　谢　红　王雨馨　付春辉　秦楚峰
　　　　　刘景航　郝紫睿　周靖仑　王妍霏　郝千墨

自序一

非常欣慰看到《少讲多学，让课堂动起来——以学生为本的 30 个小学教学活动工具》即将由化学工业出版社出版。这是王文利校长带领北京市东城区东交民巷小学教师团队开展教学创新的经验结晶，也是我零距离观察"以学生为本"课堂教学和校本培训转化的成功案例。

2018 年，我与东交民巷小学结缘于一次校本培训，应王文利校长邀请为他们两个校区近 200 位干部教师做一次关于"以学生为本的教学设计与行动体验"专题讲座。那个时期，王校长带着老师们在探索如何创建"少讲多学"的高效课堂。而我当时所负责的北京教育学院协同创新培训项目（2016—2018 年）处于收官阶段，其培训主题是如何创建"以学生为本"的教学设计与实践创新，这与东交民巷小学倡导的"少讲多学、高效课堂"教改理念比较一致，都希望通过转变教师教的方式提高学生学的效果，其中"课堂互动"成为我们共同探讨的焦点和重点。

2020 年，我承办了北京教育学院的一个专题培训项目——北京市小学校本培训者（校长）高研班，培训主题是"如何系统设计与有效实施校本培训，创建以学生为本的优质课堂"，班里的 39 位学员是来自北京市 16 个区的知名校长，他们带着校本培训已有经验和新的工作任务参加培训，济济一堂。王文利校长也是其中一员，我非常高兴地与王校长有了进一步交流切磋的机会，印象特别深刻的是在培训班"培训成果追踪转化"环节，我们全班一起走进东交民巷小学，无论是他们校本培训的参与式现场，还是师生们互动性课堂，都鲜明体现出当前课堂改革所积极倡导的"启发式、互动式、探究式"教学特征，用王校长当时的话说："教师在课堂上要能让学生学习热情和思维发展像泉水那样咕咚咕咚地流淌着。"

如何让每一个学生在课堂上都有机会爆发学习潜能？如何让每一位教师都能创新设计和有效组织教学互动活动？如何让每一个学科团队都能集结教研成果？王校长一直思索这几个递进性问题。于是，2021 年，她带着东交民巷小学的核心骨干成功申报了北京市教育学会"十四五"教育科研课题"以学生为本高质量小学课堂教学活动工具研究"。如此,东交民巷小学的教师专业发展活动从创建高质量课堂出发,聚焦在"以学生为本的教学活动工具"的研发与应用,以校本管理为统领,通过校本培训、学科教研、个人反思和校本科研等发展途径,把教师专业发展活动整合起来。我便多次参加了王校长组织的教师专业发展的各类活动,如课堂观察、读书分享、组织培训、课题论证、课例研磨、成果交流等,在欣赏中获得很多启发,切身感受到东交民巷小学干部教师们的教育智慧和学生们的学习热情,同时见证了《少讲多学,让课堂动起来——以学生为本的30个小学教学活动工具》这本书的诞生过程。

这本书特点很突出。一是易懂、易用,操作性强。书中汇聚的30个小学课堂教学活动工具都是来源于真实课堂,且经过老师们反复实践验证和精心打磨。每个工具包括形象的名称、主要功能、简明使用流程、课堂案例情境和实践效果反思等内容。二是类型多样,应用面广。这些工具覆盖了小学语文、数学、英语、美术、科学、体育、音乐、道德与法治等各个学科,体现出新授课与复习课、理论知识课与实践技能课等不同课型,并且应用于每节课的导入开启、呈现引导、练习探索、交流展示和评价反馈等不同环节。三是理念新颖,前瞻教改。书中的教学活动工具背后以"以学生为本""教学互动""少讲多学"等教学改革创新理念为支撑,突显出以主题、项目或活动组织课程内容,强化学科实践和跨学科实践,驱动教学内容与方式的深层变革,这也是当前义务教育新课标积极提倡的教改政策和发展方向。

工欲善其事,必先利其器。课堂教学改革被喻为基础教育课程改革的"临门一脚",而这"临门一脚"既需要科学的教育改革理论为根基,也需要前沿的教育政策为引导,更需要广大教师们扎实的专业实践技术。希望本书的教学活动工具能给一线老师们提高课堂教学实战技术带来启发与借鉴。

北京教育学院　余新

自序二

近年来，东交民巷小学笃行"质量提升永远在路上"的教育理念，紧紧抓住课堂这一"生命线"，带领教师们在实践中努力探索教学规律，总结出了具有学校特色的"以学生为本，少讲多学"高效课堂模式。

"以学生为本"是《小学教师专业标准》要求教师具备的一项重要专业理念。其含义是"尊重小学生权益，以小学生为主体，充分调动和发挥小学生的主动性；遵循小学生身心发展特点和教育教学规律，提供适合的教育，促进小学生生动活泼学习、健康快乐成长"。从学生的视角出发，转变教学方式，将"学生的发展"放在正中央，立足于学生的心理和生理特性，更加尊重学生的发展差异和成长规律，从片面关注学生知识获取，转变为培养学生综合能力，促进学生全面发展。

"少讲多学"实则是关于"教"与"学"关系的重新认识，旨在转变教师的教学方式，引导学生从被动接受转向主动学习。对于教师而言，"少讲"意味着将教学方式的单一、乏味、低效的"讲"延展到多样、有趣、高效的"教"。教师在必要的"精讲"基础上，更多地发挥组织、引导和促进作用，为学生多动多练、多思多行营造积极的学习情境和有效的学习条件，通过凸显学习者的中心地位最终实现学生"多学"的目的。

"减负增效"是高效课堂想要达到的总体效果，学生学得轻松，学得不累，还学得有实效。目前，许多课堂上的无效操练过多，这样就直接造成学生学习负担过重。在高效课堂的模式中，教学应该是有效率并且能够吸引学生的，是要帮助学生用最少的投入来达成最佳的目标。这个观点教育工作者基本达成共识，但是，如何应用有效工具实现这些目标却一直困扰着教师们。

人类社会的生产、生活都离不开工具，工具的发明和使用无不体现着人类的智慧。打造一件完美绝伦的工艺品需要各种工具的辅助才能完成；烹饪一顿可口的菜肴无论何时也离不开各种灶具和炊具；高效的课堂亦是如此。课堂中有了教学活动工具，就充满了智慧与创新，就更加灵动与鲜活了。

为此，全校各学科教师精心打磨教学活动工具，用"工具"撬动课堂，让其作为教师在课堂教与学过程中的重要抓手，努力实现让课堂从关注教师的"教"转变为更多关注学生的"学"，有效改变教师在课堂上的主导地位，改变一味"填鸭式"的教学方式，改变"重"知识传授而"轻"实践体验的课堂模式，改变传统的师生关系。

工具箱按学科分类，既有通用工具，也有专用工具；既有方法类图表，也有专用实物。工具箱是一个成果集，更是一个可持续增长和不断提升的知识库，为各学科教师提供直接、高效的课堂教学工具、流程和模式。

"教学活动工具"的研发也顺应了当前的课改背景，因此，学校抓住关键问题，在"提质增效"上下功夫，以"教学活动工具"的研发与运用为着力点，旨在打造以学生为主体、知行合一、和谐高效的优质课堂，是落实"以学生为本"教育理念、实施"少讲多学"的教学策略的体现，也是提升课堂教学质量、实现教师队伍高质量发展的直接而有效的方式。

本书正是基于"以学生为本"的教师专业发展理念，探索"少讲多学"的教学方式，以"教学活动工具"开发与应用为教学改革突破点，将多年来学校一线教师们自创的教学活动的流程、图表、游戏、活动、教具等汇集整理成教学活动工具箱。这些工具是依据课堂教学环节分类，用于促进学生积极学习并具有独创性的小妙方，每个工具附有课堂教学实录和教学实践案例，是能够体现出教师们实践智慧的集合，具有可视化、可操作、可复制、可借鉴、可改造等特征，在此呈现给广大教师同行，以期启发那些只关注"讲"的精彩而忽视了学生"学"的效果的教师从"控制型"课堂转向"互动型"课堂，同时也为那些困惑于关注全员与因材施教悖论的老师提供借鉴。

北京市东交民巷小学　王文利

微信扫码立即获取
本书配套教学视频合集

第一章

认识教学活动工具

我们都知道，课堂往往是由多个教学活动组成的，教学活动决定着课堂教学的实效。因此，如何设计出能够促进学生思维发展的优质高效的课堂教学活动，是我校教师课堂研究的重点，也是关乎教学质量和教学有效性的关键，更是落实"提质增效"的突破口。而教学活动工具的研发，是教师对这些有效课堂教学活动经验的总结与固化，能够帮助更多的教师将这些好的做法应用到更多的课堂，最终让学生获益。

第一节
教学活动工具的分类

一、内涵与外延

在目前的小学课堂教学实践中，提到"教学活动工具"，教师们往往想到并且常用的工具还是限于课程学具、教具、电化设备等可视化的物化工具，而忽略了如表格、流程、图例这类能够将活动的方法和过程及时总结固化下来形成特定模式的抽象的软性工具。其实，教学活动工具包含的范围可以更广，形式可以更为多样。

本书对于"教学活动工具"的概念界定为：教师在教学过程中为促进学生积极学习和有效达成教学目标而采取的活动手段。按照教学活动工具特征可分为三类：第一类是用来组织各种课堂互动活动的教学方法工具，例如"头脑风暴""世界咖啡""六顶思考帽等"；第二类是用来辅助教学活动、优化学习内容与方法的可视化教学思维工具，例如学习单、工具表、流程图、活动模板等；第三类是传统的教具、学具等教学物料工具。

本书所呈现的教学活动工具，涵盖了上述三大类工具，如一张学习单、一幅流程图、一张评价表、一个"魔法盒"、一根"魔术棒"等。一个个鲜活的小工具撬动了课堂，是激发学生主动性、启发学生创造性，实现"以学生为本"教学理念的有效手段。

二、教学方法工具

课堂上常用的工具就是教学方法类工具。如何在上课伊始让学生迅速集中注意力并保持兴致高昂的上课状态？如何快速让学生进行小组活动？如何在下课之前对学生本节课所学进行即时性的评价与反馈？解决这些问题的妙计都蕴藏在平时的课堂当中，我们的教师也将平时自己用得最顺手、最有效的活动组织方法进行提炼总结，形成了教学方法工具，让课堂更加生动鲜活。

本书中的教学方法工具包括：秘密口袋、信息卡片寻伙伴、方格图坐标密码等。

三、教学思维工具

课堂教学的最终目标不是简单层面的知识获取，而是学生思维的发展、核心素养的提升和整体育人目标的达成。许多教师在教学中都常常使用行之有效的教学活动来发展学生的思维，我们的教师通过课堂实践，将这些活动通过导学案、流程图、评价表等形式呈现了出来，并配以使用建议与说明，形成了一个个教学思维工具，帮助学生把头脑中的知识梳理出清晰的逻辑结构，将抽象思维过程可视化，实现学生思维的进阶。可视化的教学思维工具使得这些高效的教学活动变得可以轻松复制了。

本书中的教学思维工具包括：决策卡、思维泡泡图、高效阅读卡等。

四、教学物料工具

本书中所呈现的教学物料工具，不同于传统意义上的教具与学具，如粉笔、白板等，而是教师基于教学内容，结合创设的教学情境而自制的可视化工具。这些形式多样、生动有趣的物料工具深受学生的欢迎与喜爱，能极大地调动学生的学习兴趣，帮助教师轻松达成教学目标。本书将这些物料工具的制作方式、使用流程、使用方法和适用范围一一梳理了出来，目的是让这些生动活泼的小工具为更多的课堂所用。

本书中的教学物料工具包括：神秘的魔法盒、心愿盘、鸳鸯火锅等。

第二节
教学活动工具的价值功能

教学活动工具是激发学生主动性、启发学生创造性、实现"以学生为本"教育理念的有效手段；同时这些工具又具有一定的可复制性、可推广性和再创造性，具备在教师、课堂间相互学习使用、提升的可行性。教学活动工具能够助力于课堂教与学活动协同一致、提高教学实效性、增强教学活力、使学生有更大的参与感和获得感。同时，教学活动工具对转变教学方式、转变教师角色、让课堂真正"活"起来、实现小学课堂教学质量提升，具有深远的研究价值。

具体来说，教学活动工具的特点如下：

1. 可视化。工具形式图文并茂，并以案例和视频辅助呈现工具的实践应用情境，直观形象，易于理解。

2. 易操作。教学活动之所以形成为工具，就是要让不同的教师拿到后能轻松上手，便于操作且实用性强。

3. 可复制。无论是不同学科之间、不同年级之间还是不同学校之间，工具都可以轻松"复制"。

4. 协同性。在课堂上，不同的工具可以叠加使用，相互作用，提高活动实效。

5. 参与性。教学活动工具在实践中关注师生的参与度，设计尽可能关注全员，使学习者全员、全过程参与到学习中。

教学活动工具将抽象的学科知识形象生动地展现给学生，充分发挥了创新和辅助教学的作用，主要体现以下几个方面：

1. 学教媒介

知识不是从外界直接传递给学习者的，而是学习者在与环境之间、与学习者之间、与自身相互交流的过程中建构起来的，其中交互的过程是要以工具作为媒介的。我们知道，一堂课由多个教学环节组成，每一个环节包含着多个学习活动，如果将这一个个学习活动看作是工具的话，那么这样一个个工具作为媒介，能够有效联结学生的新旧认知，同时，能够有效促进师生联结，支撑着学生知识的获得和构建。正是因为有了这些教学活动工具作为学教媒介，才使得学生的学习有了可行性和可能性，能让真正的学习过程借助于教学活动工具发生在真实的课堂。

2. 激活兴趣

兴趣是学生个体在整个学习过程中的动力和出发点，浓厚的兴趣可以培养学生的求知欲，它决定着学生学习的持久度。"以学生为本"的教学活动工具突出展现学生才是学习的主体，尊重学生的主体地位，充分发挥学生的主动性和积极性。在教学过程中，教师扮演知识的引导者，充分运用各种教学活动工具来组织开展学习活动，激发学生的学习热情、求知欲和好奇心，点燃学生学习的欲望，使学习成为孩子们获得自我认同感、感受成功的喜悦、延续创新动能的助燃剂。让学生在学习的全过程中，都能保持高昂的学习热情，展现出思维高度活跃的状态；让学生在相互启迪中，全面地参与到整个教学过程中来。

3. 创建情境

教学活动工具是基于教学目标和教学内容创设的，教师从实际出发，通过创建恰当的教学情境，真正为教学服务，使学生产生浓厚的学习兴趣，在不同的情境中体验不同的学习乐趣，以便于更深入地领悟学习内容，提高课堂实效。当然，由于学生年龄、心理特点、认知水平和思维方式都有所不同，我们在借助教学活动工具创建情境时要根据学生的情况来设计，从学生的心理特点出发，灵活运用各种教学活动工具来调动学生，才能使学生在不知不觉中从已知和浅显的内容里不断悟出未知和深层的内容，从而进入新知识的境界。

4. 减轻负荷

教学活动工具的研发是贯彻落实素质教育、实践新课程理念的有效手段，也是顺应当下的"双减"政策，减轻学生课业负担的有效途径。其原因在于：①教学活动工具能够激发学习兴趣，能够极大地减轻学生在课堂学习的心理负担；②通过教学活动工具组织的学习活动能够实现学生在课堂上的自主学习、合作交流，能够实实在在地提高学生课堂学习实效，减轻学生的课后学习负担；

③教学活动工具形式多样，既有代入感强的教具与学具，刺激学生多感官学习，又有启发学生主动思考的表格与流程图，引导学生主动学习、学会学习，进而减轻学习负担；④教学活动工具表面上是引导学生参与学习过程，实际上更多地是体现自主学习的过程，隐含着引导学生在参与、体验的过程中，学会分析问题、解决问题的有效路径与方法，重在授人以渔。

5. 提质增效

教学活动工具能有效帮助学生从单纯的死记硬背走向深层的理解记忆，真正学会学习内容。美国学者戴尔（Edgar Dale）的研究证实，不同的学习方式，学习者学习吸收的平均效率是完全不同的，这就是著名的"学习吸收率金字塔"（图1-1）。

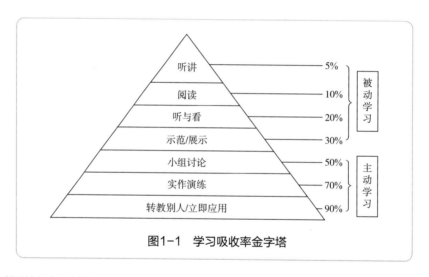

图1-1 学习吸收率金字塔

教学活动工具就是让学生从"被动学习"转向"主动学习"，让教师由"关注教案"转向"关注学生"。课堂上教师运用教学活动工具组织教学活动，引导学生走向积极、自主的深度学习。

同时，教师在运用教学活动工具的过程中，由之前的注重表象层面的学生"知识与技能"的获得，转向注重内在更深层面的学生"能力的发展"（图1-2），让学生在学习中获得思考与能力，有效提高学习实效。

课堂上正是有了教学活动工具，教师实现了少讲、精讲，学生达成了多学、多练，学习效率提高了，课堂质量提升了。

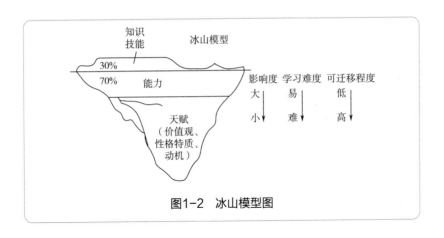

图1-2 冰山模型图

教学活动工具的研发方法

我们根据小学生学习活动的特点及认知发展规律，基于"以学生为本"的教育理念，探索小学课堂教学活动的特点、小学课堂教学活动设计的方法和基本过程，并将这些方法和过程固化下来，形成一系列的"教学活动工具"，并集成"教学活动工具箱"（图1-3），在一定程度上为小学教师们的课堂教学设计提供可简易复制、叠加使用的教学活动工具，对于提高课堂实效具有重要实践意义。

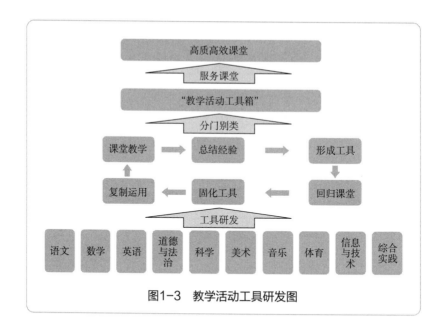

图1-3　教学活动工具研发图

一、个体经验萃取

理论要联系实际，才能发挥出最大的作用。因此，教师要勇于实践、勇于探索、勇于创新，在实践中总结经验和教训，在探索中完善、在改进中创新我们的教学方法。

本书中教学活动工具的编写者都是来自教学一线各个学科的教师，他们有着丰富的教学实践经验，将自己在课堂教学实践中用得最娴熟、最有效的教学活动通过不断地改进完善，进而进行经验提炼，萃取出课堂教学活动行之有效的通用范式。经验萃取是一个从具象情景到抽象概括的过程，教师们的个体经验萃取源自于实践，经过反复验证，固化有效成果，形成可以简便复制应用的有效工具，用语言表述与课堂范例实录相结合的形式指导实践，使之发挥出更大的价值。

二、学科组教研

学校着眼于课堂提质，打造"以学生为本，少讲多学"的高效课堂。依托学科教研组这个最基层的校本教研组织，以问题为导向，既要研教材，更要研学生，做到"心中有人"。在原有的钻研教材、研读课标等精心备课的基础上，从全面透彻了解学情入手，通过问卷调查、深度访谈、学习前测等方式，细致了解学情，做到精准分析。课前掌握学生亟待解决的"两难"学习负担（知识理解的难点和思维提升的难点），将课堂教学内容和学生的已有认知进行匹配，合理安排课堂教学内容，提高课堂教学针对性。同时整合教学内容，不断转变课堂教学方式，精心研发设计教学活动工具，优化课堂教学环节。在课堂上，教师注重启发式、互动式、探究式教学，大胆舍弃低效的教学环节，利用教学活动工具组织开展教学，促进学生自主、合作、探究学习。高品质教研把每一位教师的智慧发挥到极致。同伴互补，减少短板，教师走进课堂之前，先把功课做足，这是"课堂提质"实现"增效减负"的根本保证。

同时，学校打破学科壁垒，在学科内与学科间统整各种教育要素，在学科群、项目群、课题群等一个个链接中，进行基于"以学生为本"的教学活动工具的系统整体策划。在合作教研与特色教研中，形成教师教研群体和而不同的教研特色，实现交流共享。

三、校本培训

教学活动工具的顺利研发与推广，离不开对教师的专业化引领与培训，为教师赋能。"教育不是注满一桶水，而是点燃一把火"，为了深化"以学生为本"的教育理念，持续打造探究式、体验式、互动式的课堂，明确教师在课堂中的定位，更加突出学生的主体地位，学校积极为教师搭建平台，激励教师们在打造优质高效课堂的研究中，始终以"学习者"的身份进行研究和实践。为了为自燃、易燃、可燃、不燃等不同状态下的教师赋能，学校为自燃的老师拓空间，为易燃的老师搭平台，为可燃的老师创条件，为不燃的老师找动力。通过"培训—实践—研究—再实践"的路径助力优质高效课堂的打造，使教师得以历练。

学校建立教学活动工具研发教师团队，其学科涉及语文、数学、英语、道德与法治、音乐、体育等，邀请有经验的专家团队定期走进教学活动工具的研磨课堂，和教师们一起备课、听课、评课，促进教师自身专业素养不断提升，助力优质高效课堂的打造，不断推动教育质量的提升。

四、课题研究

学校倡导教师以学习者、研究者、合作者的视角深度参与到各项改革、研究与实践中来，让教师积极参与到教育科研之中，在研究中探索、积累、更新教学方式，也是提高专业素养，提高课堂实效与质量的关键。

学校坚持研究型教师队伍的建设，持续以课题为引领，实现了教师的自身成长和自我突破。课题研究转变了教师的思考方式，引领教师更加关注社会、家庭、学生以及教师自我成长中的实际问题和需求，如社会层面的应然需求、学生层面的实然需求以及教师自身层面的应实需求（图1-4）。以实际需求为原点，通过科学的研究方法，如行动研究法等，探索并固化好的经验与做法，对于课堂教学实效性的提升起到了直接的推动作用。

本书中所呈现的教学活动工具案例，正是以课题的形式将教师们的智慧聚集起来。教师通过系统的理论学习与培训、深耕课堂进行实践探究，并在课题的引领下提升专业素养，改变了固有的教育观念，更新了教育理念，精彩、生动、有序的课堂实践成为了师生共同成长的新领域。教师们将团队的研究成果进行固化和辐射，关注学生的实际获得，促进自身的专业发展，提升教育教学质量。

教学活动工具的研发首先从其概念和内涵的研究出发，厘清"教学活动工具"与"传统的教学工具""现代化教学工具"的关系和区别，并明确教学活动工具的概念、分类、现状和发展趋势；然后，从"以学生为本"的教学需求出

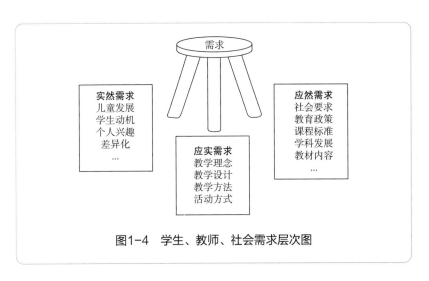

图1-4　学生、教师、社会需求层次图

发，研究具体小学课堂中可以有效激发学生主动性、启发学生创造性的创新教学活动工具，丰富完善后形成"教学活动工具箱"；再然后，从"导入启动""呈现展开""练习指导""复习总结""评估反馈"五个课堂教学环节出发，进行行动研究，循着"实践—研究—再实践"这一路径不断调整完善；最后，配套开展面向基于教学活动工具创新的教师素养培训与提升研究，一方面构建可持续发展和提升的教学活动工具研发体系，另一方面避免让老师、学生的注意力过于集中于教学活动工具本身，避免为用而用的形式，浪费有效课堂时间，降低课堂教学的有效性，以免失去了其最初的使用意义（图1-5）。

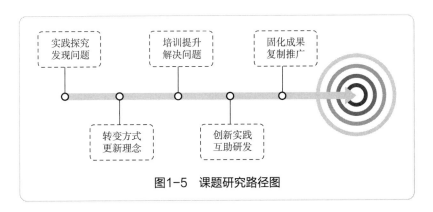

图1-5　课题研究路径图

通过课题的引领以及教师素养的培训与提升等相关方面研究的全面推进，达到课堂教学质量提升的目标。

第二章

导入启动阶段的教学活动工具

"导入启动"环节发生在课堂教学开始阶段。教师基于对所教内容难度、学生情况分析和学生学习愿望等方面的经验积累、调查分析，研判学生课前学习状态，以此帮助学生做好学习准备。应用本系列教学活动工具可帮助教师解决以下问题：获得注意力、交代学习目标、激发动机兴趣、提供内容预览。

第一节
强者之路

一、工具概况

"强者之路"是一种课堂导入启动环节的教学活动工具，是以棋盘的形式呈现的，突出几个点位，如：A、B、C、D四个点位。把事先设计好与教学相关的内容和练习次数等信息与"强者之路"棋盘上的A、B、C、D四个点位相结合，通过小组队员掷骰子的方式来随机决定练习的内容和次数。

工具用途：

（1）"强者之路"作为导入启动环节的教学活动工具能够快速引导学生进入学习状态，激发学习兴趣，提高课堂的活跃度。

（2）教师通过观察，准确了解学生已有认知与掌握程度，为新授课的学习效果提供支撑。

（3）培养学生的团结协作能力，引发学生的求知欲，调动更多的学生参与到课堂活动中。

二、工具样例展示（图2-1）

"强者之路"是一个由数字和符号组成的棋盘，由学生掷骰子来决定移动步数。将棋子移到该格后，学生按照数字对应的教学内容进行练习，最先到达终点

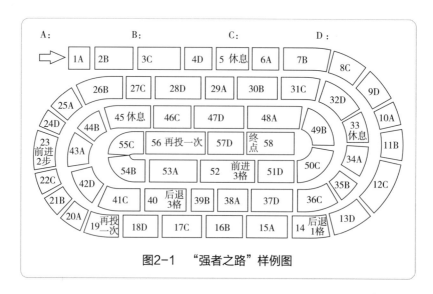

图2-1 "强者之路"样例图

为获胜。棋盘可以画在纸上、黑板上，甚至可以用粉笔画在操场上。棋盘中"路"的形状由教师根据自身的喜好或需要自行设计，可方可圆，也可以设计成阶梯状。"路"的长短根据教学实际而定，路越长，复习巩固内容的次数与用时也会相对较长。按顺序将"ABCD"或其他符号填入"路"的每个格子里，"ABCD"对应的任务是与本节课教学目标相关的教学内容或是上节课重要的知识点，符号的数量可根据教学内容和实际情况增加或减少。如果还有一些其他练习巩固的要求，也可以在格子中体现。

三、工具运用流程（图2-2）

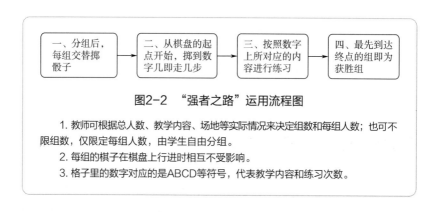

图2-2 "强者之路"运用流程图

1. 教师可根据总人数、教学内容、场地等实际情况来决定组数和每组人数；也可不限组数，仅限定每组人数，由学生自由分组。

2. 每组的棋子在棋盘上行进时相互不受影响。

3. 格子里的数字对应的是ABCD等符号，代表教学内容和练习次数。

四、工具运用样例

学科：小学体育

教学年级：六年级

准备材料："强者之路"棋盘和棋子、骰子、小垫子、教学内容贴纸

课堂教学活动工具运用实录：

教师：稍息，立正。同学们，上节课我们学习了支撑击掌、高抬腿、仰卧起坐和开合跳。那谁知道它们的动作要领？

学生：双腿并拢，头、背、臀、腿成一条直线，一手支撑，另一手与伙伴击掌；大腿抬平，腰背挺直；双手抱头，卷腹时肘关节碰膝盖；手臂伸直呈一条直线，动作舒展。

教师：下面我们来挑战"强者之路"，让老师看看你们上节课掌握得怎么样。大家看棋盘，老师来讲解规则：首先分成蓝组和红组两个组，每组交替投掷骰子。掷到数字几，就从棋盘的起点开始向前走几步，然后按照数字对应的内容进行练习。最先到达终点的组为获胜组。下面给你们30秒的时间自由分组并讨论掷骰子的方式，开始。

学生：老师，我们分好组了！

教师：每组选一名组长，用"石头剪子布"的方式决定哪组先掷骰子。

学生：老师我们组赢了，我们组先来掷骰子。

教师：那先由红组掷骰子。

（掷骰子后）

学生：向前走2步，我们组要做的是B任务：高抬腿10次。

教师：蓝组掷骰子。

学生：向前走6步，我们组要做的是A任务：支撑击掌5次。

（5分钟后）

学生：我们的任务是仰卧起坐5次。

教师：注意动作要领，双手抱头，肘关节碰膝盖。加油！

（掷骰子后）

学生：我们赢了！

教师：同学们，我宣布：这次的"强者之路"的挑战红队获得胜利。大家鼓掌。通过这次挑战，我看同学们上节课的内容掌握得非常好了。刚才大家表现

得也非常积极，各组团结协作相互帮助，每名同学都努力完成了任务。表扬所有同学！下面我们来学习本节课的内容。

五、工具运用效果反思

（一）实践效果

1. "强者之路"教学活动工具的使用不但有助于培养学生的学习兴趣，更体现了"少讲多学"的理念，真正以学生为主体实现了"在玩中学，在学中玩"。教师根据学生对教学内容的掌握程度，分层次、分梯度地运用"强者之路"进行巩固练习，为开启新授课做好准备。"强者之路"既能为可视化的信息增强趣味性，也能在竞赛中快速调动学生的参与度和积极性。

2. "强者之路"工具更注重学生的全员参与，在整个教学过程中，教师与学生互动更为频繁，学生全身心投入到课堂活动中，师生互动、生生互动提升学生的热情，"强者之路"教学活动工具与学生对于学习的兴趣完美契合，并在课堂上充分发挥了作用，提升了课堂质量，增强了学习效果。

3. 教师通过课堂观察，对比了"强者之路"教学活动工具使用前后的课堂效果。以本节体育课为例，"强者之路"教学活动工具使用前，课堂练习积极的往往都是基础好一些的学生，只占到班级人数的35%~40%，教师需要花费很大精力去调动学生学习的热情。工具使用后，课堂有90%~95%的学生参与到了锻炼中，他们的课堂表现更积极，比如课堂参与小组讨论、课堂积极回答问题等情况都显得更活跃。教师通过访谈，发现学生在"强者之路"教学活动工具的使用过程中，情感体验更愉快，学生对教学内容更感兴趣。相对于不使用教学活动工具的课堂，教学活动工具的使用让学生更想融入课堂。

（二）学生喜爱度对比

以这节体育课为例，对全班38名学生进行了"强者之路"喜爱度调查（图2-3）。其中，有35名学生喜欢这个教学活动工具，并期盼以后的课上可以继续使用此教学活动工具；有2名学生认为这个教学活动工具一般，觉得有一点累；仅有1名学生表示不喜欢这个教学活动工具，是因为本节课不是他喜欢的内容。

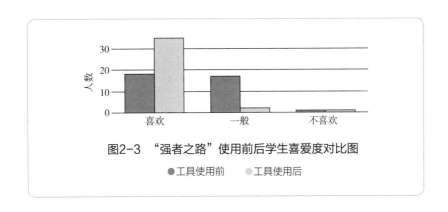

图2-3 "强者之路"使用前后学生喜爱度对比图

● 工具使用前　● 工具使用后

（三）适用范围与建议

"强者之路"作为实用的教学活动工具，适用于各个学科、各个年级的导入启动环节（表2-1）。对于低年级和中年级的学生来说，"强者之路"将学生喜欢的益智类游戏和教学内容相结合，让枯燥的学习内容变得生动有趣，既达到了巩固练习的目的，又增强了课堂趣味性，同时还调动了学生的学习热情。对于高年级的学生而言，可以让学生自己选择喜欢的练习内容，进而激发学生的学习动机，提升课堂的学习效果。

表2-1 "强者之路"适用范围表

年级	学科	人数	课型	教学环节
□高	☑语文	☑2人小组	☑新授课	☑导入启动
□中	☑数学	☑4人小组	☑复习课	□呈现展开
□低	☑英语	☑6人小组	☑活动课	□练习指导
☑全部	☑其他	☑全班	☑其他	□复习总结
				□评估反馈

（朱嵩寰）

第二节
我是大胃王

一、工具概况

"我是大胃王"是让学生在短时间内根据任务主题，将同组同学的语言表达依次叠加且正确复述的接龙活动，是一个强调集中注意力、短时间高效记忆的课堂活动工具。此教学活动工具就是让学生记住更多的信息，像"美食大胃王"比赛一样，比一比谁能在短时间内吃下更多的食物，用时少的小组获得胜利。

工具用途：

（1）培养学生注意力。授课前教师营造课堂气氛，需要快速将学生的注意力集中，"我是大胃王"教学活动工具就可以达到此目的。

（2）复习旧知。巧妙设计任务主题，可以有效复习前一段知识，同时为新授课作铺垫。

（3）团队建设。此教学活动工具可以用于起始课"破冰"环节中，可以快速将班中陌生氛围打破，引导同学之间快速认识，增加学生亲近感，拉近师生距离，提高团队凝聚力。

二、工具样例展示（图2-4、图2-5）

A1	A2
B1	B2

图2-4 "我是大胃王"活动号码牌

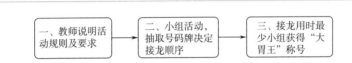

学习任务卡

1. "自我介绍" 接龙

2. 用两个形容词介绍自己，并完成本组接龙。

3. 活动用时最少，接龙内容正确者获得"大胃王"称号。

图2-5 "我是大胃王"学习任务卡

　　教师制作学生活动号码牌，用于教学活动工具中决定学生接龙顺序，可根据人数自行设计图案或数字。制作学习任务卡时，需将本环节的活动要求用ppt展示或提前发给学生，学生根据任务卡上的提示信息开展游戏活动。

三、工具运用流程（图2-6）

一、教师说明活动规则及要求 → 二、小组活动，抽取号码牌决定接龙顺序 → 三、接龙用时最少小组获得"大胃王"称号

图2-6 "我是大胃王"运用流程图

　　1. 教师根据本节课的学习内容或学习主题，设计教学活动游戏规则及要求。

　　2. 小组学生抽取号码牌，决定"大胃王"接龙顺序；同时学生根据游戏要求准备个人接龙内容。

　　3. 小组为单位完成"大胃王"比拼，以接龙信息准确、接龙用时短等作为获胜条件。每个小组活动人数可为3~6人。

四、工具运用样例

　　学科：道德与法治

　　教学年级：四年级

　　准备材料：活动号码牌、学习任务卡

　　课堂教学活动工具运用实录：

　　教师：同学们，我们今天一起来玩一个不一样的自我介绍游戏，这个游戏的名字叫做"我是大胃王"。这个游戏可不是比谁吃得多，而是比一比我们的小脑

瓜，看谁记得多。下面我请一位同学给大家读一读游戏规则。

学生："我是大胃王"活动规则：①请大家用两个形容词介绍自己，例如："我是乐于助人、热爱美食的王老师"。②每名同学先介绍自己，再复述前面同学的发言内容，以此类推，例如："我是谁谁谁，我前面有乐于助人、热爱美食的王老师；我前面有……"③以小组为单位完成大胃王比拼，接龙顺序以手中号码牌为准。信息准确、时间短即为获胜组。

教师：大家都了解游戏规则了，那下面就请同学们以组为单位，快速抽取号码牌，然后准备自己的发言内容，现在开始。

教师：同学们，准备好了吗？

学生：准备好了！

教师：我们这次，先从A组来比赛好吗？有信心吗？

学生：有！

教师：计时开始！

学生1：我是热爱科学、热爱体育的陈荣恩。

学生2：我是热爱跳舞、热爱动脑的周瑾沅，我前面有热爱科学、热爱体育的陈荣恩。

学生3：我是开开心心、快快乐乐的耿霁月，我前面有热爱跳舞、热爱动脑的周瑾沅，热爱科学、热爱体育的陈荣恩。

学生4：我是热爱小说又喜爱蓝色的程慧娇，我前面有热爱科学、热爱体育的陈荣恩，还有热爱跳舞、热爱动脑的周瑾沅，最后还有开开心心、快快乐乐的耿霁月。

教师：好，非常棒，51秒，太厉害了你们小组，那B组同学有信心挑战吗？

学生：有。

教师：准备好了吗？

学生：准备好了！

教师：好的，计时开始！

学生1：我是热爱滑冰、热爱舞蹈的刘胧月。

学生2：我是爱吃汉堡、爱打篮球的祝龙泽，我前面有热爱滑冰、热爱舞蹈的刘胧月。

学生3：我是爱打篮球、爱吃东西的方笃志，我前面有爱打篮球、爱做手工的祝龙泽，热爱滑冰、热爱舞蹈的刘胧月。

学生4：我是好强好胜、热爱骑马的陈如涵，我前面有热爱滑冰、热爱舞蹈的刘脆月、爱吃东西、爱打篮球的方笃志，还有爱吃汉堡、爱做手工的祝龙泽。

教师：50 秒，太快了，仅以微弱的优势赢得了比赛，那我们这次恭喜 B 组同学，鼓鼓掌，恭喜你们取得了胜利。

五、工具运用效果反思

（一）实践效果

（1）拉近师生距离，打破陌生局面。"破冰游戏"可以快速打破陌生氛围，增加学生亲近感，拉近师生距离。当教师与学生第一次见面或走班上课时，学生与教师之间、学生与学生之间都很陌生，传统形式的自我介绍只能完成单向的信息传达，学生感到枯燥无趣。通过"我是大胃王"教学活动工具的使用，学生之间不仅能够快速记住对方姓名、兴趣爱好等信息，同时利用游戏竞赛形式，也能够激发学生参与积极性，烘托课堂气氛。

（2）培养学生多种能力，提升课堂趣味性。本教学活动工具还可用在教学总结或复习旧知环节中，唤醒学生对旧知识的记忆，激发学生对当前学习任务的好奇感和挑战欲。

（二）学生喜爱度对比

以破冰活动为例，对学生进行了"我是大胃王"喜爱度的调查，结果表明，使用该工具后，课堂活动中学生的参与率达到 95%，比使用前提高了 51%。使用该工具能够快速打破班里枯燥、陌生的课堂氛围。利用学生喜爱的游戏、竞赛模式作为导入环节，学生能够更快融入课堂教学，提高积极性。

"学生喜爱度"调查结果显示，全班有 99% 的学生喜欢此教学活动工具（图2-7），学生 A 说："破冰活动太有意思了，我一下子就记住了我们小组同学的名字，就熟悉了。"学生 B 说："通过这活动我们小组同学齐心协力，大家都想赢得比赛，所以相互配合，感觉拧成了一股绳，特别团结。"仅有 1% 的学生不喜欢，是因为自己能力有限，无法通过快速记忆完成活动，失去兴趣。在之后的课堂活动中，教师需根据不同学生的情况设置不同难易程度的活动方式，保障学生的参与度与体验感。

（三）适用范围与建议

"我是大胃王"教学活动工具的使用不限年级与学科，新学期"破冰"或学

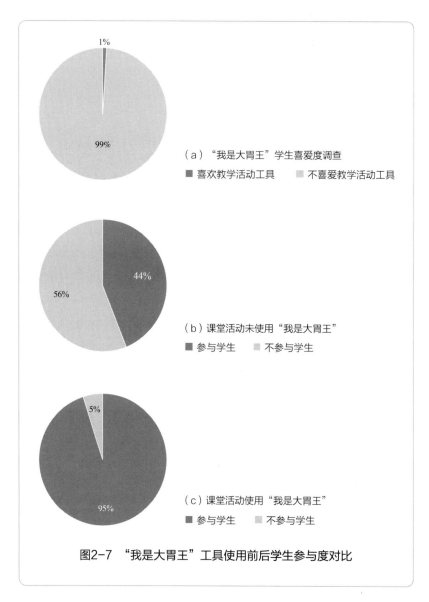

（a）"我是大胃王"学生喜爱度调查

■ 喜欢教学活动工具　■ 不喜爱教学活动工具

（b）课堂活动未使用"我是大胃王"

■ 参与学生　■ 不参与学生

（c）课堂活动使用"我是大胃王"

■ 参与学生　■ 不参与学生

图2-7　"我是大胃王"工具使用前后学生参与度对比

科总结复习课均可使用（表2-2）。教师可根据知识点、学生等情况设置难易程度不同的接龙活动。接龙活动顺序也可做调整，例如 A、B、C 三个小组参加，可按 A1A2、B1B2、C1C2 顺序进行接龙；也可增加难度，按照 A1B1C1、A2B2C2 的顺序进行接龙，不仅可增加趣味性，激发学生参与热情，也可以在游戏中培养学生倾听、专注、归纳等能力。

表 2－2 "我是大胃王"适用范围表

年级	学科	人数	课型	教学环节
□高	☑语文	□ 2 人小组	□新授课	☑导入启动
□中	☑数学	☑ 4 人小组	☑复习课	□呈现展开
□低	☑英语	☑ 6 人小组	☑活动课	□练习指导
☑全部	☑其它	☑全班	□其他	☑复习总结
				□评估反馈

（王梦卿）

第三节
GET技能大作战

一、工具概况

"GET 技能大作战"是以信息卡片为载体、以游戏活动为形式的课堂导入启动环节的教学活动工具。教师课前需完成信息卡片的制作，其内容是本课主要学习任务或者相关拓展任务，卡片数量应大于本班学生人数，以随机抽取的方式开展练习。

工具用途：

（1）教师能够快速检验学生之前的学习成效，以便开启新授课程。

（2）在活动中教师能够关注到班级里的每一个学生，并且给每一个学生安排好教学任务。

（3）激发学生的学习兴趣。教师可根据课堂教学内容自行设计信息卡片，增加课堂学习的神秘感，激发学生的好胜心和学习兴趣。

（4）培养学生的竞争意识和团队凝聚力。"GET 技能大作战"教学活动工具从头到尾都是以分组比赛的形式进行学习活动，学生可以组内之间相互帮助或互相交换卡片。学生们始终处于竞赛的氛围中，有助于提高竞争意识和团队合作能力。

二、工具样例展示（图2-8）

卡片制作数量大于本班学生的人数，小组共用卡片，组内个人完成卡片提示任务后，听从教师要求与组内成员交换卡片，完成任务有困难的同学可求助同伴或再次与同伴交换卡片。

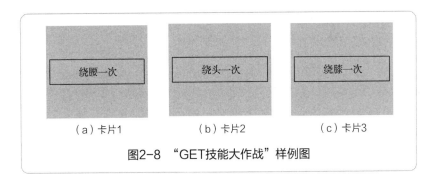

(a) 卡片1　　　　　　(b) 卡片2　　　　　　(c) 卡片3

图2-8　"GET技能大作战"样例图

　　除教师制作卡片外，学生也可以自己在空白卡片上编写学习任务，组外之间互相交换，增加活动趣味性。制作卡片的个数依据学生分组的数量而定。

三、工具运用流程（图2-9）

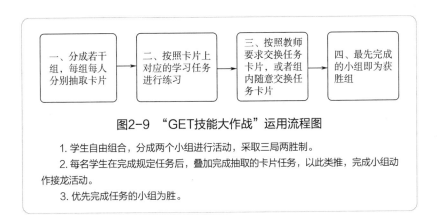

图2-9　"GET技能大作战"运用流程图

　　1. 学生自由组合，分成两个小组进行活动，采取三局两胜制。

　　2. 每名学生在完成规定任务后，叠加完成抽取的卡片任务，以此类推，完成小组动作接龙活动。

　　3. 优先完成任务的小组为胜。

四、工具运用样例

　　学科：小学体育

　　教学年级：五年级

　　准备材料：信息卡片、篮球、小筐

　　课堂教学活动工具运用实录：

　　教师：稍息，立正。同学们，上节课我们学习了原地双手胸前传接球，还记得动作要领是什么吗？

　　学生：传球时翻腕、拨球，接球时前伸、后引。

教师：下面我们来进行一项活动——"GET 技能大作战"，看看你们上节课掌握得怎么样。下面我请一名同学来给大家念念游戏规则。

学生：首先，双手胸前传接球就是今天的"龙头"，老师手里有几张卡片，一会儿每个人抽一张卡片，卡片上的内容就是你要接龙的内容。每个人在接到球以后完成自己卡片上的内容，再把球传给下一位同学。游戏采用三局两胜制，最先到达终点的组获胜。

教师：下面给你们 30 秒的时间自由分成两组。

学生：老师，我们分好组了！

教师：现在每个人抽一张卡片。

学生：老师，我们都抽好了！

教师：记住自己卡片上的内容。第一局，准备，开始。

五、工具运用效果反思

（一）实践效果

（1）"GET 技能大作战"教学活动工具能帮助老师了解学生对之前所学知识的掌握程度；同时通过教师课前信息卡片的设计，可以让新授课程和旧知有一个非常有效的衔接。

（2）"GET 技能大作战"教学活动工具更注重学生的全员参与，同时能够提高课堂质量。在整个教学过程中，教师通过师生互动、生生互动、生生互评等方式来提升学生的学习热情，学生能够全身心投入到课堂活动中。"GET 技能大作战"教学活动工具与学生的学习兴趣完美结合，并在课堂上充分发挥了作用，提升了学习效果。

（3）教师通过课堂观察发现，工具使用后的课堂效果非常好，"GET 技能大作战"充分考虑到了学生差异性。以本节小学体育课为例，"GET 技能大作战"教学活动工具使用前，课堂练习积极的往往都是基础好一些的学生，只占到班级人数的 30%~35%，教师需要花费很大的精力去调动学生学习的热情；工具使用后，全班有 95% 的学生参与到了锻炼中（图 2-10）。在活动中，学生小组内可以互相帮助，互相交换卡片进行活动，学生们能够更好地融入课堂。同时，该工具调动了他们的内在学习动力，让每一个学生可以在轻松愉悦的氛围中锻炼身体。

（二）学生喜爱度对比

以这节小学体育课为例，对全班 40 名学生进行了 "GET 技能大作战" 喜爱程度的调查，结果全班有 99% 的学生喜欢此教学活动工具，并期盼以后的课上可以继续使用此类教学活动工具（图 2-11）。仅有 2 名学生未使用工具，原因是觉得有一点累并且本节课不是他们喜欢的内容。

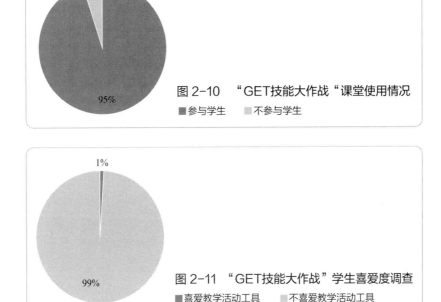

图 2-10　"GET 技能大作战" 课堂使用情况
■ 参与学生　　■ 不参与学生

图 2-11　"GET 技能大作战" 学生喜爱度调查
■ 喜爱教学活动工具　　■ 不喜爱教学活动工具

（三）适用范围与建议

"GET 技能大作战" 适用于各年级、各个学科的导入启动环节（表 2-3）。教师可根据学情设计难易程度不同的卡片，卡片内容可以结合本课的知识点进行调整。例如：语文学科可将作者、作品等信息分别制作成卡片，在课前导入或复习总结环节开展活动，能够帮助学生有效识记相关内容；书法学科可以将各个偏旁制作成卡片，根据本节课学习内容组合成不同的汉字，使枯燥的练习变得有乐趣。

表 2 - 3 "GET 技能大作战" 适用范围表

年级	学科	人数	课型	教学环节
□高	☑语文	□2 人小组	☑新授课	☑导入启动
□中	☑数学	☑4 人小组	☑复习课	□呈现展开
□低	☑英语	☑6 人小组	☑活动课	□练习指导
☑全部	☑其他	□全班	□其他	□复习总结
				□评估反馈

（左阳）

第四节
我是顺风耳

一、工具概况

"我是顺风耳"是一个以数字棋盘格为载体，根据教师指令进行游戏的一种教学活动工具。学生两人一组，各执一个颜色的棋子，教师口述学习任务，当学生听到需要挑战的关键词时，在棋盘上快速摆放棋子抢占棋盘格，以棋盘上棋子多的一方为获胜方。此工具特别适用于导入启动环节，培养学生的多感协调能力，提升专注力，促进学生主动学习、在快乐中学习、在体验中学习。

工具用途：

（1）激发学习兴趣。教师运用"我是顺风耳"的教学活动工具，更容易让学生在课堂中动起来，让课堂在学生心中活起来，从而激发学生的好奇心和学习兴趣。

（2）获取注意力。教师通过巧妙设置热身活动，有效吸引学生的注意力，使学生在最短的时间内进入最佳的学习状态。

（3）巩固旧知、激活新知。在课堂启动环节，运用该工具可以巩固学生已有知识，为学习新知做好身心准备。

二、工具样例展示（图2-12）

教师首先需要准备一个数字棋盘格，棋盘格的形状不限，可以是"S"形，也可以是圆形等。棋盘格中标注的数字数量由学习任务决定，若学习任务较多、练习内容较长，棋盘格中标注的数字就相应增加。其次，教师还需要结合教学内容准备好学习任务，以配合棋盘格使用。学习任务可以是一段小故事，只要符合

图2-12 "我是顺风耳"样例图

学科特点与学生年龄特点即可。

三、工具运用流程（图2-13）

图2-13 "我是顺风耳"运用流程图

  1. 分组：活动以小组形式进行，教师首先让学生就近分组，最好2人一组，也可以将3~4人分为一组，分为ABC或ABCD角色，AB角色同上，C或CD扮演裁判角色。小组角色可以在下一轮活动中互换。

  2. 分配棋子：以两人组为例两人共用一个棋盘，一人执黑子，一人执白子。

  3. 老师首先布置故事的关键词。在老师讲故事的过程中，当同学们听到关键词时，迅速将自己的棋子占领棋盘的第一个格子，后面以此类推，直到故事结束。故事讲完后，哪个颜色的棋子所占棋盘位置多，哪方获胜。

四、工具运用样例

  学科：小学英语

  教学年级：一年级

  准备材料：数字棋盘格、英文故事、棋子

  课堂教学活动工具运用实录：

  步骤1：分组、分发棋盘、棋子

  教师：孩子们，还记得我们学过的两个单词吗？（cat 和 rat）今天老师带你

们来做一个活动，在这个活动中比一比谁听得更清楚，动作最快。首先大家进行分组，每两个人一组，两人共用一个棋盘，每人各执一个颜色的棋子。

步骤2：老师布置关键词，讲清游戏规则

教师：今天老师会给大家讲一个故事，故事的主人公就是刚刚说过的 cat 和 rat，当你在故事中听到它们时，就迅速用自己的棋子占领棋盘格中的位置。

步骤3：教学活动工具的运用

教师：孩子们，老师的故事要开始啦！

（英文故事导入）

Wilma has a fat cat and a pet rat. Wilma loves her pet cat and pet rat. She calls the rat "my little brat". The rat hates the cat. The cat does not care. The cat, who is fat, just lies in the vat and stares at the rat. The rat hates that.

One night, when Wilma was out, the fat cat got out of the vat. He went, pit-a-pat, and sat on the mat.

"This is my mat!" said the rat. "So what?" said the cat.

"So get off!" said the rat. " No, I won't, " said the cat.

At last, the cat still sat on the mat.

步骤4：故事结束，清点棋子，决出胜负

教师：好了，孩子们，故事结束了。来数一数你在棋盘格上的棋子吧！谁的棋子多，谁就是今天的"顺风耳"。

五、工具运用效果反思

（一）实践效果

1. "我是顺风耳"的教学活动工具可以让大脑思维的活跃度处于最佳状态，使学生在最短的时间内进入到最佳的学习状态，为接下来的学习做好充分的准备。

2. 在导入启动环节（课前热身）中，"我是顺风耳"充分调动了学生的学习热情、学习积极性，真正做到了提质增效，把课堂还给学生，让学生成为课堂真正的主人。

3. "我是顺风耳"可以充分培养学生的多感协调能力，提升专注力，让学生主动学习、在快乐中学习、在体验中学习。

（二）学生喜爱度对比

本节英语课后，教师对本教学活动工具的学生喜爱程度展开调查，结果表明，全班40名同学都很喜欢这个教学活动工具，学生纷纷表示这个活动"太刺激了""让我很兴奋""我还想玩"，并期待在以后的课上继续参与。通过对比工具使用前后的学生参与度，可以明显看到学生参与活动的积极性与充分度都有了很大的提升（图2-14）。

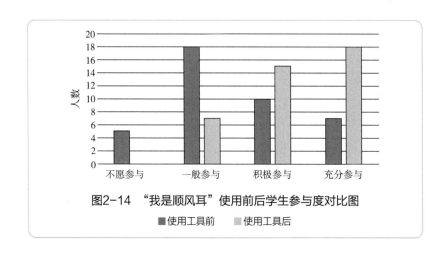

图2-14　"我是顺风耳"使用前后学生参与度对比图

■ 使用工具前　　■ 使用工具后

（三）适用范围与建议

"我是顺风耳"教学活动工具适合各个年级和学科，教师可以根据授课年级、学段和学科特点的不同，创编各类型的符合学生认知发展水平的故事（表2-4）。

表2-4　"我是顺风耳"适用范围表

年级	学科	人数	课型	教学环节
□高	☑语文	☑2人小组	☑新授课	☑导入启动
□中	☑数学	□4人小组	☑复习课	□呈现展开
□低	☑英语	□6人小组	☑活动课	□练习指导
☑全部	☑其他	□全班	☑其他	□复习总结
				□评估反馈

在英语课中，我们可以采用英文故事为切入点，结合相近字母或字母组合发音选取故事。该工具不仅有助于开展课堂导入环节，也有助于培养学生听音辨析的能力；在数学课中，教师可以运用该工具训练学生对基础知识的熟练度，如：教师规定听到奇数时迅速放棋子，随后任意报数字，并锻炼学生的专注力；在语文课上，教师可以运用该工具考察学生的语言知识，如：教师任意说一句含有修辞方法的句子，规定听到"拟人句"时放棋子，了解学生对修辞手法的掌握情况。而在其他学科的课堂中，我们可以结合所授知识的重难点和学科要素，以中文故事为切入点，在较短时间内调动学生的积极性，带领学生走出疲惫状态。也可以仅以此教学活动工具对旧知识进行复习巩固，从而激活学习思维，为构建高效课堂做好铺垫。

（狄静）

第三章

呈现展开阶段的教学活动工具

"呈现展开"环节是课堂教学的第二阶段。教师通过阐述概念性、原理性和程序性知识，运用讲解、分析、演示、提问、答疑等方式，强化学生对知识的理解，为初步练习和应用做准备。应用本系列教学活动工具可帮助教师解决以下问题：回忆旧知、呈现信息事例、引导注意力。

第一节
神秘的魔法盒

一、工具概况

"魔法盒"是以一个不透明的盒子为载体的教学活动工具。里面根据需要放入与教学内容有关的卡片，如词语、图片、公式、问题、学生姓名等。教师自己或安排学生从"魔法盒"里面随机抽出卡片并根据卡片内容完成活动。"魔法盒"可以用于新授、呈现展开或练习指导等环节。"魔法盒"的样式不限，卡片内容需和课堂教学内容相关，教师应提前准备。

工具用途：

（1）运用"魔法盒"组织教学可以增加课堂神秘感，同时满足学生的好奇心，符合学生的认知规律。"随机抽取卡片"的形式可以帮助学生快速进入情境，而这种神秘感可以充分激发学生的探究兴趣。

（2）运用"魔法盒"组织教学可以增加学生参与度，"魔法盒"的运用可以有效吸引学生注意力，增强学生主动参与意识，让课堂活起来、动起来，让学生真正成为课堂的主人，从而增强学生获得感、成就感。

（3）运用"魔法盒"组织教学，教学内容设置围绕重难点，可以鼓励学生在自我挑战中获得知识，从而体会课堂乐趣。

二、工具样例展示（图3-1）

图3-1 "魔法盒"样例图

"魔法盒"是一个实物教学活动工具，由普通纸盒改装而成，其外部装饰可根据教学内容进行个性化设计，例如："常见的动物"一课，教师在"魔法盒"上装饰了各种小动物的卡片，使魔法盒更加美观有吸引力。根据教学内容和学生的喜好，还可以用植物、小球、风景等不同图片进行装饰。"魔法盒"内放置的物品可根据教学活动内容需要灵活调整。

三、工具运用流程（图3-2）

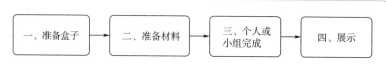

图3-2 "魔法盒"运用流程图

1. 准备一个不透明盒子或箱子，在一侧开一个可以伸进去手的洞。外部装饰可根据本节课的教学内容进行设计。

2. 教师准备的卡片内容符合教学需要即可，例如：动物、植物、关键词、问题、练习题、学生名字等。除卡片外，盒内也可以放入奖励的小物品，实物形式根据教师需求而定。

3. 抽取环节可以个人完成，也可以小组讨论完成。教师可规定时间，也可提出相应要求增加挑战性。也可以每组准备一个魔法盒，给每位学生从中抽取的机会，从而增强参与度，获得满足感。

4. 学生描述和猜物品时，教师应关注学生语言表达的完整性和规范性。小组合作时注重学生合理分配任务、团结协作的能力，同时根据学生情况及时调整任务的难易程度。

四、工具运用样例

学科：小学科学

教学年级：一年级下

准备材料：动物卡片、魔法盒

课堂教学活动工具运用实录：

1. 教师引入"魔法盒"

教师：这里有个神秘的"魔法盒"，里面有各种小动物。

教师：请一名同学在"魔法盒"里随机选出一个小动物，并且描述动物的特点，请其他同学来猜。描述的同学要抓住这个动物的主要特点来进行描述，如外貌特征、动作特点、生活习性、声音特点等方面。猜的同学要认真听完同学的描述再举手抢答。

2. 学生抽取动物卡片，即"我来描述你来猜"

学生1：它生活在水中，会游泳，身上有鳞片，你们猜到是什么了吗？

学生2：是鱼。

学生1：恭喜你答对了。

教师：老师再请一位同学从魔法盒中抽一个小动物卡。

学生3：爱吃肉，身上有毛，能看家，是我们的朋友。你们猜到是什么了吗？

学生4：是狗。

学生3：恭喜你答对了！

教师：你们说和猜得太棒了，下面老师要加大难度了，敢接受挑战吗？

3. 小组抽取卡片合作完成，即"我们描述你们猜"

教师：小组合作，一名学生从魔法盒中抽取一张动物卡片，和小组成员共同讨论，写出至少三句描述小动物特点的话，完成后让其他组同学猜是什么小动物。

学生5：身穿大白袄，最爱吃青草，生活在草原。

学生6：羊。

学生5：你们答对了。

教师：描述得可真详细，并且抓住了羊的主要特点。

学生7：身穿花衣裳，飞在花丛中，像是在跳舞。

学生8：蝴蝶。

教师：同学们，你们一起描述的小动物真是既生动又形象，再加工一下就是一首谜语或儿歌啦！

五、工具运用效果反思

（一）实践效果

"魔法盒"用于本节新授课的呈现展开环节，教师通过"我来描述你来猜"的方式了解学生对常见动物的熟悉程度和已有认知。考虑到低年级学生的学习特点和认知规律，利用"魔法盒"展开教学，可以让每一位学生都参与其中，学生参与度得到提高，积极性增强。活动中当有些学生描述得不准确时，其他学生帮其补充修正，这同时也培养了学生聆听他人发言的习惯。在下一环节以小组为单位继续从魔法盒中抽出动物卡片，给了更多学生参与的机会。学生观察动物的积极性高涨，每人都想为小组贡献力量，最后愉快地结束了本节课。下课后很多学生提议下节课可以自己带来动物图片继续分享更多的动物。

"提质增效"就是让更多的学生参与到课堂中来，使用"魔法盒"后学生参与度明显提高，学生的表达也由被动变为主动。使用"魔法盒"工具可以真正做到把课堂还给学生，学生成为课堂的主人，他们说得多，做得多，课堂气氛活跃，人人都能投入其中。

（二）学生喜爱度对比

以"常见的动物"这节课为例，对学生使用"魔法盒"教学活动工具的喜爱度展开调查（图3-3），有33名学生喜欢这个"魔法盒"，觉得有意思并期待以后的课上继续使用；仅有3名同学表示不喜欢，因为没有被叫到参与活动。针对这个情况，可以做出调整，给每组分配一个魔法盒，让每个学生都有机会参与，同时还可以培养学生的规则意识。

图3-3 "神秘的魔法盒"学生喜爱度调查
■喜欢 ■不喜欢

（三）适用范围

"魔法盒"适用于各年级各学科的不同环节（表3-1）。高年级数学、英语等学科在新授课的练习环节中可使用魔法盒，在其中放入不同难度的问题卡片，由学生抽取问题，独立或合作完成卡片上的内容，给予学生更多的神秘感和挑战性，同时也可以了解学生对本节课知识的掌握情况。中、低年级的语文、科学课和其他课程，可用于导入环节，猜魔法盒中放入哪些和本节课相关的素材，如实物或卡片等，激发中、低年级学生的学习兴趣和学习欲望。也可以用于呈现展开环节，抽出魔法盒的素材由学生讨论分析后进行描述或讲解，教师给予充足的时间和空间，学生间、小组间相互补充完善学生描述的内容或提出的问题，"魔法盒"在教学中的使用是具有多样性的。

表 3-1　"魔法盒"适用范围表

年级	学科	人数	课型	教学环节
□高	☑语文	□2人小组	☑新授课	☑导入启动
□中	☑数学	☑4人小组	□复习课	☑呈现展开
□低	☑英语	☑6人小组	☑活动课	☑练习指导
☑全部	☑其他	□全班	□其他	□复习总结
				□评估反馈

（孙靖）

第二节
节奏韵律谱

一、工具概述

"节奏韵律谱"是一个促进学生有效记忆的教学活动工具。这个工具包含三种节奏类型：3字节奏、5字节奏、7字节奏。教师把教学知识重难点提炼成童谣，再匹配对应字数的节奏，让学生有节奏感地边说边唱出来，通过节奏韵律让语言文字形象化、具体化、简洁化，并且读起来朗朗上口，以便达到提高记忆效率、理解巩固知识、激发学习乐趣的目的。

工具用途：

（1）提高记忆效率。在教学过程中遇到有需要记忆、背诵的内容时，内容文字比较多，学生记忆起来有困难，这时教师就可以把需要用到的重难点内容编配上合适的节奏韵律谱，按节奏韵律朗读出来，帮助学生更快更好地记忆知识。

（2）理解巩固知识。将知识重点通过简短的童谣有节奏韵律地朗读出来，方便学生在课后进行传唱，有助于学生理解巩固知识，达到强化记忆的效果。

（3）激发学习兴趣。在练习指导的过程中，有些学习内容较难理解，读起来比较拗口，离学生的生活实际较远，教师这时可将知识创编成童谣，再利用"节奏韵律谱"匹配相应字数的节奏，或者自编节奏，让这些文字内容富有韵律感，读起来朗朗上口，从而激发学生的学习兴趣，调动他们的学习热情。

二、工具样例展示

3字节奏型：

× × | × — |

哒 哒 哒

×　·　×　|　×　—　|

哒　　哒　　哒

5 字节奏型：

×　　　×　　×　|　×　　×　|

哒　　哒　　哒　　哒　　哒

×　·　×　　×　　×　|　×　—　|

哒　　哒　　哒　　哒　　哒

7 字节奏型：

×　·　×　　　×　　×　|　×　　×　　×　|

哒　哒　　哒　哒　哒　哒　哒

×　×　×　　　×　|　×　　×　　×　|

哒哒　哒　　哒　　哒　哒　哒

　　教师可根据已有教学内容的童谣字数直接匹配"节奏韵律谱"的节奏；或根据教学内容以及重难点，教师自主提取关键内容编创 3 字、5 字、7 字童谣后匹配节奏；教师还可在已有字数的说唱节奏上进行组合或者再创作。

三、工具运用流程（图3-4）

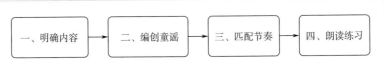

图3-4　"节奏韵律谱"运用流程图

　　1. 在教学过程中，教师应该先确定教学内容中的重难点和关键信息，然后进行归纳与总结。

　　2. 创编环节教师要让内容变成有规律的3字、5字、7字童谣。

　　3. 童谣与节奏韵律谱上的字数、节奏相匹配，如遇到节奏不匹配时，教师可以根据知识内容自主创编合适的节奏。

　　4. 让学生按节奏把知识点大声朗读出来，可一边说、一边唱、一边做动作，反复练习。

四、工具运用样例

学科：综合实践课

教学年级：一年级

准备材料：童谣、节奏韵律谱工具

课堂教学活动工具运用实录：

本节课将故宫屋顶上十只神兽的名字和职能的文字信息提炼再编创成童谣，并配合使用7字韵律节奏谱，让学生边唱、边说、边记、边跳，达到快速记忆知识的目的。

教师：十只本领高强的神兽全部集结完毕，下面啊，我还要隆重地请出它们的大领队，它叫骑凤仙人，是小神兽们的领路人，带领着十只神兽保卫着紫禁城。让我们再来完整地认识一下十个小神兽吧，请你一边做动作一边配合歌谣，有节奏地大声读出来。

学生（读歌谣）：

×·× ×× | ×× × |　　×·× ×× | ×× × |

龙　是老大　本领　高，　　凤是　鸟王　最吉　祥，

×·× ×× | ×× × |

狮子　一吼　震四　方。

×·× ×× | ×× × |　　×·× ×× | ×× × |

海马　天马　是卫　士，　　押鱼　狻猊　防火　强。

×·× ×× | ×× × |　　×·× ×× | ×× × |

性格　正直　是獬豸，　　逢凶　化吉　是斗　牛，

×·× ×× | ×× × |

神猴　行什　防雷　电。

×·× ×× | ×× × |　　×·× ×× | ×× × |

骑凤　仙人　来领　路，　　一起　守护　紫禁　城。

教师：请你加上动作，一边读歌谣一边做动作完整地再来一遍！

学生：好！（完整表演）

五、工具运用效果反思

（一）实践效果

通过研究发现，节奏能让人在情绪上产生波动，使头脑中产生好奇感，让学生在说唱的过程中很容易就对知识点形成长久的记忆，符合儿童年龄发展的特点，在教学中达到提质增效的目的。

说唱是孩子们喜欢的一种学习方式，"节奏韵律谱"有助于激发学生学习热情，为孩子们创造轻松愉悦的学习氛围。

"节奏韵律谱"有助于促进学生短时记忆，提高学习效率。说唱可以让知识形象化、具体化、简洁化，读起来朗朗上口。学生通过有节奏、有韵律的诵读对知识进行传唱，能在短时间内记住知识，提高学习效率。

"节奏韵律谱"有助于帮助学生养成先理解内化再记忆的学习习惯。尤其是在归纳环节中，通过节奏韵律能让学生更加轻松地提取关键信息，更好更快地掌握知识重难点，让学生对所学知识有了进一步理解和内化。坚持使用节奏韵律谱，还能帮助学生克服机械记忆的问题。

"说唱记忆"是一种高效记忆方法，教师和学生可以学以致用，自主进行节奏拓展和研发。高年级的学生还可以根据学习内容自己进行总结与归纳，把工具灵活运用于各学科，创造出更多更符合实际要求的节奏。

（二）学生喜爱度对比

以"太和殿上的小动物"这节课为例，对全班 37 名学生进行了"节奏韵律谱"喜爱度的调查，有 35 名学生喜欢这个工具（图 3-5），其中 A 同学说："这个工具很有趣，很好玩，让我学习知识更加轻松了。"B 同学说："用了这个节奏韵律工具后，我能很快地把知识记忆下来，读起来也朗朗上口，很喜欢，期盼以后的课上可以继续使用此工具。"

（三）适用范围与建议

"节奏韵律谱"作为一款记忆工具，它适合各学科、各年级使用，推荐用于

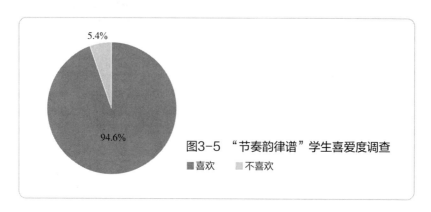

图3-5 "节奏韵律谱"学生喜爱度调查

5.4%
94.6%
■喜欢 ■不喜欢

呈现展开环节，其它环节教师可视情况而定（表3-2）。例如英语学科里的小韵文、数学学科中的概念定义、体育学科中的训练口诀等需要理解记忆的内容都可以使用这个工具。

表3-2 "节奏韵律谱"适用范围表

年级	学科	人数	课型	教学环节
□高	☑语文	☑2人小组	☑新授课	□导入启动
□中	☑数学	☑4人小组	☑复习课	☑呈现展开
□低	☑英语	☑6人小组	☑活动课	□练习指导
☑全部	☑其他	☑全班	□其他	□复习总结
				□评估反馈

（王玛丽）

第三节
逻辑菜谱

一、工具概况

"逻辑菜谱"是一个提升逻辑思维的教学工具。教师根据学习主题，提供给学生难易不同的学习材料，学生根据自己的学习能力选择合适的学习材料进行自主学习，从而实现课堂教学的分层。在学生全身心参与学习、交流、谈论、评价的过程中，实现教师的"少讲"，从而促进学生的深度学习，提高教学效益。

工具用途：

（1）分层教学，因材施教。教师充分考虑到学生学习的差异性，对不同水平的学生有针对性地加强指导，使每个学生都得到最好的发展。"逻辑菜谱"教学工具充分体现了"面向全体，因材施教"的教学理念，激发全体学生的学习兴趣，促使学生主动获取知识，从而提高课堂教学成效。

（2）深度学习促高阶思维。北京师范大学郭华教授指出："深度学习就是指在教师引领下，学生围绕着具有挑战性的学习主题，全身心积极参与、体验成功、获得发展的有意义的学习过程。"在这个过程中，教师精心设计"以生为本"的学习材料，让每个学生都有通过积极主动参与而获取知识并形成能力的机会。以学生的"想"代替教师的"讲"，为学生创造更多的动脑、动手、动口的机会，在探索合作中发展思维。

二、工具样例展示（图3-6）

教师根据学习的主题提供给学生相应的"逻辑菜谱"即学习单，学习单的

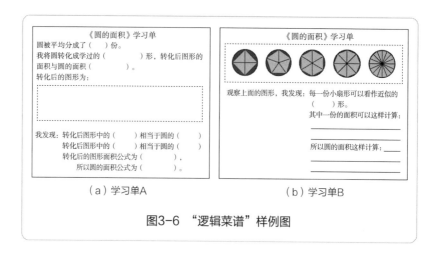

图3-6 "逻辑菜谱"样例图

设计应便于学生之间展示交流，既有学生的思考过程，又能呈现最终结果。如果研究的方式多样，可提供给学生不同的学习素材及学习单，供其挑选。一般依据学生的情况，一节课教师设计两个梯度的学习单为好，也可根据学生实际情况，设计更多层次的学习单供学生自主选择，就像菜谱一样，体现自主性。例如，"圆的面积"一课中，教师根据学生前测结果，将其想到的研究圆的方法进行归类整理，设计出两种有代表性的学习单和一些有关圆面积推导使用的学习素材。课堂上，学生两人一组，根据自己的学习能力，选择其中一种学习单展开有效研究。

三、工具运用流程（图3-7）

图3-7 "逻辑菜谱"运用流程图

1. 教师应根据学习主题进行前测，在充分掌握学生学习储备及学习能力水平的情况下，设计不同的学习单，提供多样的学习材料，以丰富学生的感知。这一部分是完成"以生为本"高效课堂的关键。教师只有充分走近学生，了解学生，才能设计出有效的学习单和学习材料。

2. 每次学生分组活动的人数可以不固定，但要确保每个学生都能参与到研究活动中来。同时，每一次学习单及学习材料的选择，要充分信任、尊重学生，使其能在融洽友好的氛围内开展研究。

3. 对于学习能力较强的学生，应鼓励其多角度、多思维、多方法、多策略地开展研究，通过交流、讨论、比较，择优方案，从而提升学习能力。

四、工具运用样例

学科：小学数学

教学年级：六年级

准备材料：（1）1号信封、平均分成8份和16份的圆、学习单、胶水、剪刀

（2）2号信封、圆内接正多边形的图组、学习单

课堂教学活动工具运用实录：

1. 介绍"逻辑菜谱"活动规则

教师：我来介绍"逻辑菜谱"活动规则：首先学生2人一组，确定你们组的研究方法；之后选择学习材料进行研究，完成之后，小组汇报研究成果。开始吧。

2. 学生进行小组活动

3. 小组汇报展示

（1）转化为近似的平行四边形或长方形

教师：请你跟大家说一说你的想法。

学生：将圆平均分成8份，将它们拼成近似的平行四边形，这时平行四边形的面积与圆的面积相等，平行四边形的底是圆周长的一半，高是半径，平行四边形的面积是底乘高，所以圆的面积就是周长的一半乘半径，也就是 πr^2。

（生生交流，得到平行四边形与圆的联系）

教师：他们小组是把圆平均分成8份，有没有分成更多份的？

你们的研究结果和他们一样吗？

看看这两份作品，你又发现了什么？

如果平均分成32份呢？

闭上眼，想象一下，继续这样不停地分下去，64份，128，256……这时拼成的图形又是什么样的？这时的平行四边形是什么样子的？

教师：谁能找到长方形与圆之间的关系？

学生：长方形的面积等于圆的面积，长方形的长是圆周长的一半，宽是半径，长方形的面积是长乘宽，圆的面积是 πr^2。

教师：我觉得你们太棒了！通过想象，借助刚才学习的经验，就能推理出长方形与圆的关系，并且找到了圆的面积！真了不起！那刚才，我们经历的这个过程，想象圆的份数分得越多，拼成的图形就从近似的平行四边形到长方形，这就是数学中另一个特别重要的数学思想——极限思想。

（2）将圆中一小份看成近似三角形

教师：有没有小组选择 2 号学习材料研究圆的面积？请你们小组介绍自己的发现。

为什么选择平均分成 16 份的图形研究？

教师：他们这种研究方法中的极限思想与我国古代数学家刘徽的"割圆术"不谋而合！这就是极限的意思。

教师：通过"逻辑菜谱"的活动推导出了圆面积的计算公式：$S = \pi r^2$。

五、工具运用效果反思

（一）实践效果

以本节数学课为例，通过"逻辑菜谱"的使用，教师实现分层教学，给不同水平的学生提供了自主选择学习方式的权利及解决问题的方法和途径。学生在操作中感知，在观察中比较、发现，在讨论与交流中总结出圆面积的计算方法，使学生经历了知识的形成过程，渗透了"转化""极限""化曲为直"等数学思想。学生在课堂上畅所欲言，人人主动参与分析、综合、推理、演绎等思维活动，在融洽友好的氛围中学生的海马体得到激活，实现长时记忆，并发展了创造力，真正实现了深度学习。

（二）学生喜爱度对比

以小学数学人教版六年级上册第五单元"圆的面积"这节课为例，对"逻辑菜谱"的学生喜爱度展开调查，全班 35 人中，有 33 名学生喜欢"逻辑菜谱"（图 3-8），通过课堂的操作、讨论与交流得出圆面积的计算方法，期待图形学习的过程中都能使用这样的方式教学。有 2 名学生表示不喜欢，认为有一定的难

5.71%

94.29%

图3-8 "逻辑菜谱"学生喜爱度调查
■ 喜欢　■ 不喜欢

度。学生在课堂中学习积极性被调动，平时不爱举手的同学也能参与到课堂中来。

（三）适用范围与建议

"逻辑菜谱"适用于中高年级多学科的不同教学环节（表3-3）。

从适用的学科看，"逻辑菜谱"可应用于数学教学的全部内容，发展学生的逻辑思维能力。如果应用于语文、英语等文科类学科的教学，可用于阅读指导、文章写作等内容，帮助学生梳理文章脉络，概括主要内容，提炼中心思想。

从适用的课堂教学环节看，若侧重于新知识的学习环节，会激发学生的自我动能，自主获取新知；若侧重于练习指导环节，是培养学生"一题多解"的沃土，激发学生的创新愿望，提高学生的创新意识和创新精神。

表3-3 "逻辑菜谱"适用范围表

年级	学科	人数	课型	教学环节
☑高	☑语文	☑2人小组	☑新授课	□导入启动
☑中	☑数学	☑4人小组	☑复习课	☑呈现展开
□低	☑英语	□6人小组	☑活动课	☑练习指导
□全部	☑其他	□全班	□其他	□复习总结
				□评估反馈

（王蕊）

第四节
秘密口袋

一、工具概况

"秘密口袋"即教师特制的学习资料袋，可以用信封、纸袋或自制的袋子呈现。"秘密口袋"中放有教师课前准备好的与本节课相关的图文信息卡片，卡片上的内容和"口袋"形式对于学习者来说富有神秘感，故取名"秘密口袋"。教师可以在新知识讲授、呈现展开的环节运用此教学活动工具。

工具用途：

（1）信息筛选与整合。运用此工具进行教学活动，培养学生筛选信息、处理信息、整理信息的学习能力，即让学生学会通过观察图文中的信息，找寻有效信息，将信息提炼加工整合，进而获取关键信息，与生活结合利用信息再创造的能力。

（2）小组合作，激发学生潜力。通过学生小组合作的学习方式，充分调动每一名学生的参与积极性，增强学习主动性，提高学习效率，培养学生交际能力和团队精神。

二、工具样例展示（图3-9）

在"秘密口袋"上面粘贴本节课的学习任务单，在"秘密口袋"里面放入学习内容相关的图文信息，例如：图片、文字资料等，这些图文资料包括有效信息和无效信息。

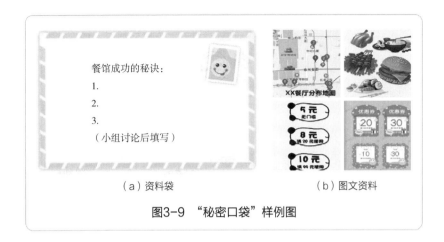

（a）资料袋　　　　　　　　（b）图文资料

图3-9 "秘密口袋"样例图

三、工具运用流程（图3-10）

一、教师说明活动规则及要求　→　二、小组交流讨论　→　三、小组展示，结合生活实际再创造

图3-10 "秘密口袋"运用流程图

1. 以小组为单位随机抽取一个"秘密口袋"，每个小组3~6人。

2. 依据"秘密口袋"上提示的信息，小组进行充分交流，筛选"秘密口袋"中的图文信息，梳理本组观点，要充分运用"秘密口袋"里的信息资料，用尽可能多的资料支撑本组观点。根据信息加工提炼，得出结论。

3. 全班进行交流讨论，分享本组运用有效信息解决学习主题策略的方案或形成本组的结论观点，借鉴其它组的交流内容补充完善本组的方案或结论。

4. 根据结论，与生活实际或主题活动结合，进行再创造。

四、工具运用样例

学科：北京市地方课程"我们的城市"

教学年级：四年级

准备材料："秘密口袋"、学习单

课堂教学活动工具运用实录：

教师：同学们，在今天的课前老师先问大家一个小问题：平时你们都喜欢去哪个餐馆、餐厅吃饭呀？

学生1：我喜欢去餐厅1吃。

学生2：我喜欢去餐厅2吃。

学生3：我和刘胧月是一样的。

学生4：我喜欢去餐厅3吃。

教师：通过你们刚才非常喜悦的表情，看得出来大家很喜欢这些话题，那这些餐馆之所以能够开得很成功，是有一些秘诀的。我们今天就通过一个游戏——"秘密口袋"，来找一找这些餐馆成功的秘诀。下面，我请一位同学先来读一下游戏规则。

学生："秘密口袋"活动规则：①以小组为单位随机抽取一个"秘密口袋"。②依据"秘密口袋"上提示的信息，小组进行充分交流，梳理本组观点。提示：要充分运用"秘密口袋"里的信息资料，用尽可能多的资料支撑本组观点。③全班进行交流讨论。

教师：好，游戏规则了解了吗？

学生：了解了。

教师：在老师这儿，有3个秘密口袋，一会儿请大家随机抽取一个，然后根据活动规则来进行活动，好吗？你们组先来。拿到"秘密口袋"可以开始活动了。开始！

教师：先观察一下这个图片，想一想，这也是他们销售的一种手段。

教师：有结论或结果可以用简单的词总结提炼并写在信封上，完成后给同学们说一下餐馆成功的秘诀是什么。

教师：我们先交流到这里，下面呢，我们请每组派一名同学和我们交流一下，你们组发现餐馆成功的秘诀是什么？你们组先来。

学生：我们组调查的是餐厅3，我们发现这些成功的商家一般会把店建在人比较多的地方。

教师：地点选得好。

学生：然后，它可能有一些套餐，非常丰富，而且还很便宜。第一个原因是它们营养均衡，不会有偏食的状况。第四个就是它们每年会有新品，而且大家不喜欢吃的东西会及时下架。

教师：非常好，老师帮你们总结一下，你们组觉得餐厅3成功的秘诀是：地点选得好、产品好还有一些宣传，这3点对吗？谢谢你们组。那这组同学我们再来分享一下。

学生：我们调查的是餐厅2，我们发现它们的秘诀，第一是经常性地进行优惠降价、限时尝新的一些活动，就是对买家有一定的益处。第二就是对员工要求不高，而且有良好的工作环境，不会过度疲劳。第三个就是有时它会进行买赠活动，然后很吸引买家。

教师：非常好，谢谢你们组。那你们组的答案是：它也是产品选择得好，有一些优惠的价格，在价格方面有一些吸引人的地方，同时员工也选择得好，和蔼可亲的员工吸引着这些顾客。同学们，根据刚才我们一起交流讨论，我们发现了成功餐馆的秘诀，下面请大家把这些成功的秘诀补充在自己的秘密口袋上，再根据"秘密口袋"里的成功秘诀，开一家属于我们自己的餐馆。

五、工具运用实践效果反思

（一）实践效果

"秘密口袋"用于新知识呈现展开环节，让学生以小组合作的方式，通过对口袋里面图文信息的探究、甄别、筛选有用信息，整合归纳信息，最终提炼形成小组观点。北京市地方课程"我们的城市"主要以活动课的形式组织学生开展"职业体验"活动，"秘密口袋"教学活动工具的使用正是遵循活动课的课程特点，将课堂的主体还给学生，让学生在筛选信息—整合信息—得出结论的过程中学会自主学习并解决问题，同时激发探究兴趣，培养学生再创造能力。

（二）学生喜爱度对比

以北京市地方课程"我们的城市"第四节课"开一家餐馆"为例，对学生关于"秘密口袋"的喜爱度展开调查，调查结果显示，所有的同学都觉得这样的教学活动很有意思，学习任务有趣且富有神秘感，激发出探究的学习热情（图3-11）。学生 A 说："在活动的过程中，小组成员讨论热烈，每个同学都能在活动中充分表达自己的观点。"学生 B 说："我们小组一起探究成功秘诀，仿佛自己真的要开一家餐馆，大家都很认真地研究讨论，都想把成功秘诀找到。"学生 C 说："我们根据老师给的信息筛选整合，每个人都好像餐馆老板一样，特别有成就感。"通过小组合作，所有学生在课堂上的积极性被调动，参与度明显提升（图3-12）。

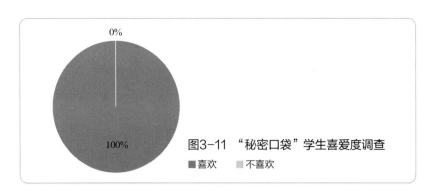

图3-11 "秘密口袋"学生喜爱度调查
■ 喜欢　■ 不喜欢

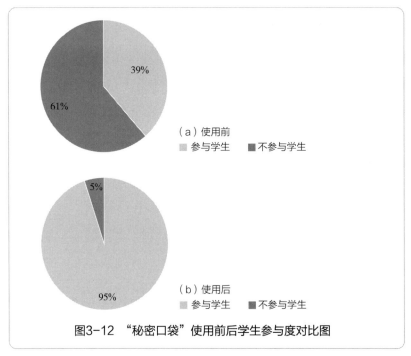

（a）使用前
■ 参与学生　■ 不参与学生

（b）使用后
■ 参与学生　■ 不参与学生

图3-12 "秘密口袋"使用前后学生参与度对比图

（三）适用范围与建议

　　"秘密口袋"工具可用于中高年级，不限学科（表3-4）。教师在呈现展开环节中可以将解决某一个问题的几大要素信息放入口袋中，信息分有效信息和无效信息，学生以小组为单位甄别可用信息进行总结归纳，不仅可以激发学生对当前学习任务的积极性和好胜心，也提升了学生团队合作、分析理解、归纳总结等多种能力。同时本活动工具的使用符合"以生为本，少讲多学"的教学理念，让学生自主探究学习，在过程中加深学习印象，强化核心知识点。

表 3-4 "秘密口袋"适用范围表

年级	学科	人数	课型	教学环节
☑高	☑语文	□2人小组	☑新授课	□导入启动
☑中	☑数学	☑4人小组	□复习课	☑呈现展开
□低	☑英语	☑6人小组	□活动课	□练习指导
□全部	☑其他	☑全班	□其他	□复习总结
				□评估反馈

（王梦卿）

第五节
时空穿梭机

一、工具概况

"时空穿梭机"是教师将主要人物、场景、主要事件等学习内容通过随机的方式进行重新排列与整合，使学习内容情境化、形象化，从而引导学生理解、梳理、归纳、总结学习内容的教学活动工具。此工具可用于知识的实际运用、故事创编或人物思维过程推导等方面。

工具用途：

（1）知识理解，迁移应用。通过"时空穿梭机"将学生带入到具体情境中，学生可以清晰地感知所学知识能够解决什么类型的问题，从整体上把握问题依存的情境，就能够牢固地掌握知识应用的条件及其变式，从而灵活地迁移和应用学到的知识。

（2）移步换景，情景体验。激发学生的学习兴趣与探索欲望，通过时间与空间的"穿越"，学生学习的地点将不拘泥于教室的情景中，依据教学内容创设轻松情景，便于代入式体验，让学生有一种角色体验感，促进其主动探索与思考。

（3）多维创设，促进思维发展，全面思考。在特定的时间、空间或其它不同条件等维度进行情境创设，在此情境下使学生产生强烈共鸣，增强学生的情感体验。将抽象的知识转变成形象的生活事件，而生活事件中均包含强烈或含蓄的情感因素。通过"时空穿梭机"创设的具体情境，学生结合课内角色的身份以及自身生活实际，全面思考，有利于克服纯粹认知活动的缺陷，使学习成为一种包括情感体验在内的综合性活动，对于学生利用所学解决实际问题的能力培养具有积极意义。

二、工具样例展示（图3-13）

图3-13 "时空穿梭机"样例图

"时空穿梭机"的制作方法比较多样，可根据课程内容的关键信息排列组合的灵活度进行制作，如只有几种固定搭配的，时空穿梭机可以通过教学软件，在课件中通过小游戏的形式任意组合信息，通过新的信息组合，穿越到特定的时空或场景中。例如，教师可以利用 PowerPoint（PPT），把本节课要利用的重要信息分类制作为长图片，使用动画窗格中自定义动画路径中的直线，让长图进行上下移动，将其他与本环节无关的信息用图片进行遮盖，从而形成随机组合效果。教师也可以利用语言、头饰等辅助工具带领学生进入特定场景，引发学生思考。如果课程内容中的关键信息搭配起来较为灵活，也可将关键信息以学生抽球或翻牌的形式进行呈现。形式可依据教材内容进行转换，灵活多样。

三、工具运用流程（图3-14）

图3-14 "时空穿梭机"运用流程图

　　1. 提前准备好本课所学可能涉及的关键词，并在电脑上事先进行排列组合，设置随机效果，如果课程内容关键词组合的灵活性很高，可以采取翻牌或是抽球的形式进行关键词的翻阅。
　　2. 学生通过完成特定任务启动"时空穿梭机"，将上面的关键信息进行整合得出有效信息。
　　3. 在下一次"时空穿越"前需先通过整合出的信息独立思考出解决问题的办法。
　　4. 在个人思考完毕后与自身所在小组进行分享交流，小组选择恰当的解决办法进行任务分配并演练，然后以小组为单位进行汇报展示，从而实现"时空穿越"。

四、工具运用样例

学科：小学语文

教学年级：五年级

准备材料："时空穿梭机"课件、海报纸、角色卡

课堂教学活动工具运用实录：

1. 时间穿越

教师：同学们，今天我从我的朋友王博士那里借来了一项发明，这项发明叫做"时空穿梭机"，据说它能够贯通古今，正好我们今天新学习的一课名叫"田忌赛马"。好，那就让我们穿越时空，一起来了解当时的故事。请大家翻开语文书，通读课文，具体了解一下故事讲述的具体内容。

（学生阅读完毕后，了解故事主要内容后触发 PPT 特效，开启"时间穿越"）

2. 空间穿越

教师：这位同学通过生动的讲解触发了"时空穿梭机"，让我们顺利地来到了战国时期。这个时候我们能去哪儿，会遇见谁，要做些什么呢？这次博士给我的穿梭机具有随机性了，我们一起来试试吧。

教师：为了防止我们迷路，以下是"穿梭机"给予我们的线索：赛马场、齐威王、田忌、中等马、上等马，这是让我们做什么啊？

学生：让我们去马场看田忌和齐威王赛马。

教师：你能把比赛的盛况进行描述吗？只有这样我们才能"穿越"到下一个时空。以小组为单位想想办法吧！

（学生或以角色表演的形式进行汇报，或以解说比赛的形式进行汇报）

教师：我们顺利完成了任务，"时空穿梭机"再次启动了。这次又将带给我们什么线索呢？

学生：齐威王把孙膑传入大殿问如何制定的赛马策略。

教师：齐威王会是怎么问的呢？时空穿梭机等待着你们的开启！

教师：此时你是齐威王，结合原文，在听到孙膑的解释之后你认为孙膑是一个怎样的人呢？请你用齐威王的身份评价一下他吧。

3. 总结

教师：现在试着把齐威王和孙膑的对话融入到故事中再讲一遍这个故事吧！

五、工具运用效果反思

（一）实践效果

以部编版五年级下册第 6 单元的第 16 课《田忌赛马》为例，"时空穿梭机"主要运用在分析人物思维过程这一环节，让学生通过在原文中寻找线索、联系实际生活、角色扮演与文中人物对话的方式分析人物的思维过程并顺利地进行表达，在创设情境中激发学生表达兴趣。

在这一节课中教师讲授的环节很少，但每个环节学生都在特定情境下与文本进行对话，与故事中的人物进行对话，在"时空穿梭机"的引导下，学生进入角色身份体验、思考与推断。学生思考的主动性得到激发，对于文中人物的认知也更加深刻，从而达到"少讲多学"的目的。

（二）学生喜爱度对比

以本节语文课为例，对学生"时空穿梭机"的喜爱度展开调查（图 3-15），在使用该工具前，该课的教学环节仅仅是以阅读的形式让学生了解赛马的过程，无法直观地让学生去了解比赛的情况，对于学生的语言表达锻炼较少，不利于学生创造性地创编故事。在使用"时空穿梭机"后，该班 36 人中，有 20 名学生参与到课堂活动中来（图 3-16），有 34 名学生喜欢"时空穿梭机"，觉得课程有意思，问题有随机性，让课内所呈现的场面更直观、更易于想象，且能够充分分析人物的思维过程，并期待以后的课上继续使用。

使用工具后，仅有 2 名同学表示不喜欢，原因是他们有些害羞，不敢表达，怕自己与文中人物想法不一致，而被其他同学笑话。教师需要调动该生在课堂中

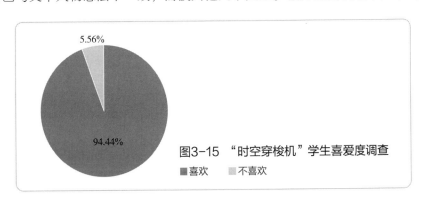

图3-15 "时空穿梭机"学生喜爱度调查
■喜欢 ■不喜欢

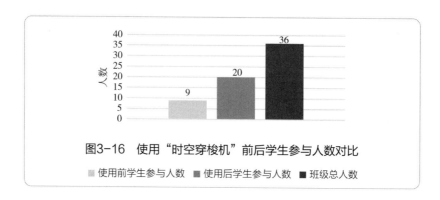

图3-16 使用"时空穿梭机"前后学生参与人数对比

■ 使用前学生参与人数 ■ 使用后学生参与人数 ■ 班级总人数

的学习积极性，可利用"时空穿梭机"给学生适合的学习任务，关注不同层次学生的学习需求，在学生表达不畅的时候可再次利用该道具，为该生提供更多的线索进行引导，让平时不敢举手的同学也能参与到课堂活动中来。当学生在表达上呈现进步态势时，及时给予鼓励，以提升该生的自信。

（三）适用范围与建议

"时空穿梭机"工具可应用于中、高年级的各学科当中，只要有在实际生活中出现的相关知识，并且需要推导思考的过程都可以投入使用（表3-5）。其原理在于引导学生设身处地地去思考问题，而不是跳脱出情境之外，在激发学生积极探索的欲望的同时，提高了学生多维思考、解决实际问题的能力，由被动接受问题、等待问题的答案变为主动思考问题、积极探索问题的答案，以便于在日后面对问题时能冷静分析，在现有情境中灵活处理问题。对于发言较为积极、思考能力进步较大的同学，可以为其颁发一个"时空旅行者"奖，促使其与其他小伙伴在课下能主动思考，同时更能激发其他同学的积极性。

表3-5 "时空穿梭机"适用范围表

年级	学科	人数	课型	教学环节
☑高	☑语文	□2人小组	□新授课	□导入启动
☑中	☑数学	□4人小组	☑复习课	☑呈现展开
□低	☑英语	□6人小组	☑活动课	□练习指导
□全部	☑其他	☑全班	□其他	☑复习总结
				□评估反馈

（李泽杰）

第六节
花儿竞相开

一、工具概况

"花儿竞相开"是以赤、橙、黄、绿、紫多种颜色的纸质花瓣为载体承载本节所学知识内容，通过小组自主学习和既有竞争、又有合作探究的闯关活动的形式，用于新知呈现和展开的教学活动工具。学生每成功闯过一关，就奖励一枚相应颜色的花瓣，成功闯关后，多色花瓣竞相开放。

工具用途：

（1）清晰分层呈现学习内容。此教学活动工具用各色花瓣清晰呈现本节所学内容，让学生依据资料，通过小组合作探究的方式在闯关活动中层层递进，深入学习和理解所学知识。

（2）以生为本，体现学习的自主性。不同颜色的花瓣所承载的知识难度梯度不同，学生可以依据学习、理解知识程度自行选择相应花瓣项目参与闯关活动。

（3）强化过程评价和增值评价，促进思维有效参与。在评价中不断强化和激励学生对知识的主动探索、主动发现和主动建构，培养学生及时发现问题、准确分析问题及有效解决问题的能力。

二、工具样例展示（图3-17）

不同颜色的花瓣所承载的知识难度梯度不同，教师根据教学目标，在赤、橙、黄、绿、紫几种颜色的纸质花瓣上写上相应难度级别的任务和要求，并注明相应的奖励分数，即：赤色花瓣为1分；橙色花瓣为2分；黄色花瓣为3分；绿色花瓣为4分；紫色花瓣为5分。

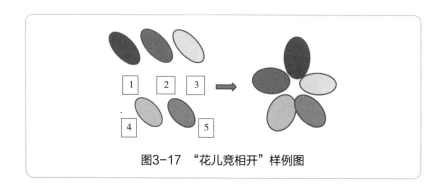

图3-17 "花儿竞相开"样例图

三、工具运用流程（图3-18）

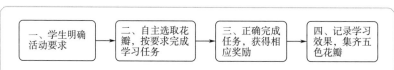

图3-18 "花儿竞相开"运用流程图

1. 学生明确活动要求，赤、橙、黄、绿、紫几种颜色的纸质花瓣上承载知识的难度不同，奖励分数依次是1分、2分、3分、4分、5分。

2. 2人一组，每组学生依据自己知识掌握程度自主选取相应颜色的花瓣，按要求完成学习任务。

3. 正确完成学习任务即可获得相应的奖励分数。

4. 以小组为单位记录学习效果，即五色花开放。

四、工具活动样例

学科：道德与法治

教学年级：二年级

准备材料：5个写着不同任务要求的赤、橙、黄、绿、紫几种颜色的纸制花瓣

课堂教学活动工具运用实录：

1. 组织活动

（教师用PPT展示活动名称并介绍活动流程。）

教师：小组依据知识掌握程度自主选题，合作完成学习任务"我们该如何保

护地球上有限的淡水资源"。

2. 活动过程

（1）第一关：节水智多星。

教师：在30秒内结合生活实际说出个人保护淡水资源的小妙招。

……

（学生如果闯关成功，教师在黑板上贴一枚红色花瓣作为奖励。）

（2）第二关：法眼追踪。

教师：小刚看到郊区加工厂随意向河里排放废水，认为那是大人应该治理的事情，与自己无关。他的做法对吗？如果是你，你该怎么做？

（学生如果闯关成功，教师在黑板上贴一枚橙色花瓣作为奖励。）

（3）第三关：金点子课堂。

教师：请你在30秒内创编节水宣传口号，人人争做节水宣传员。

（学生如果闯关成功，教师在黑板上贴一枚黄色花瓣作为奖励。）

（4）第四关：社会探秘。

教师：世界水日是哪一天？中国政府为了更好地节约水资源采取了哪些措施？

（学生如果闯关成功，教师在黑板上贴一枚绿色花瓣作为奖励。）

（5）各组争抢第五关：今天我当家。

教师：结合所学知识和日常生活，小组合作完成"家庭节水计划表"。讨论内容可以包括家庭浪费水的现象、原因、方案及效果等方面。

（学生根据表格内容展开讨论，如果闯关成功，教师在黑板上贴一枚紫色花瓣作为奖励。）

3. 师生归纳总结

教师：大家看，我们已经成功闯过了五关，形成了一朵五色花。如果让你给这朵花起个名字，你想叫它什么花呀？

学生：节水花。

教师：希望每个人都从自我做起，人人争当节水小卫士。大家看，你们桌上也有不同颜色的花瓣，每片花瓣后面都有不同的学习任务，现在，小组探究一下，完成你们的学习任务，让我们的节水花越开越绚烂吧！

五、工具运用效果反思

（一）实践效果

经过研究和实践，笔者发现"花儿竞相开"的使用具有清晰的目标定位与价值引领，以生为本，突出问题解决策略。教师依据文本和学情自行设计闯关项目和内容，由浅入深，层层递进，学生可以依据自身水平自主选择参与项目，并在活动中有效明晰教学重难点，反馈出学习效果。教师也在工具研发和使用中转变了教育、教学观念，找到了"双减"目标下以生为本、提质增效的有效方法。坚持立德树人，充分发挥教育评价的指挥棒作用，改进结果评价，强化过程评价和增值评价，在评价中不断强化和激励学生对知识的主动探索、主动发现和主动建构，培养了学生及时发现问题、准确分析问题及有效解决问题的能力，增强了学生的合作技能，提升了学生自主学习能力和自主发展的价值。

（二）学生喜爱度对比

以本节道德与法治课为例展开调查，结果表明学生非常喜欢"花儿竞相开"这个教学活动工具，该工具较以往教师直接输出、学生被动接受的拓展延伸方式更具挑战性和趣味性。在活动过程中，教师引导学生学用结合，唤起学生已有生活经验，拓宽思路，生成新的经验，引领生活，把节约用水做到实处。此教学活动工具的学生喜爱度调查显示：喜欢的学生占全班总人数的 98%（图 3-19），仅有 2% 的学生认为任务难度大不能完成任务，学生的参与度也提升了 25%（图 3-20）。喜欢的学生纷纷表示，运用教学活动工具，在玩中就可以轻松把知识学会。由于喜欢，学生增强了自信，提高了参与性，期待把此项教学工具应用到每节课教与学的活动中去。

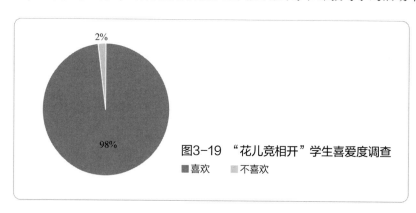

图3-19 "花儿竞相开"学生喜爱度调查

■ 喜欢　　□ 不喜欢

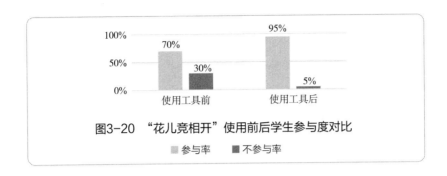

图3-20 "花儿竞相开"使用前后学生参与度对比

■参与率 ■不参与率

（三）适用范围与建议

"花儿竞相开"作为一种教学活动工具，适用于不同年级、不同学科的学生，推荐用于呈现展开、练习指导、评估反馈环节（表3-6）。形式多样、难度梯度不同的任务要求及激励加分形式不仅唤起了学生的注意力，激发了学习兴趣，还可通过闯关活动的方式引领学生自主学习、合作探究，有效完成任务学习和实践，进而逐步达成目标，深化所学。

表3-6 "花儿竞相开"适用范围表

年级	学科	人数	课型	教学环节
□高	☑语文	☑ 2人小组	☑新授课	□导入启动
□中	☑数学	☑ 4人小组	☑复习课	☑呈现展开
□低	☑英语	☑ 6人小组	☑活动课	☑练习指导
☑全部	☑其他	☑全班	□其他	□复习总结
				☑评估反馈

（果红）

第七节
蓄势待发的火箭

一、工具概况

"蓄势待发的火箭"是一种以类似火箭外形的表格为载体,引导学生逻辑思考、有序表达的教学活动工具。它既是一种可视化交流模式,又是一种组织整理信息的手段。教师可以预先准备好一幅带有提示或空白的"火箭图",引导学生在学习过程中通过自主探究、小组合作逐步完成"火箭图"各部分的学习任务,当学习任务完成时,火箭启动,一飞冲天。

工具用途:

(1)"蓄势待发的火箭"主要用于培养学生的归纳概括能力,引导学生在知识获取过程中获得正确的学习方法。

(2)"蓄势待发的火箭"还可以用于培养学生的逻辑思考、有序表达的能力。

(3)"蓄势待发的火箭"符合小学生的心理年龄特点,可以增加课堂趣味性,提升学生参与度,提高学习积极性。

二、工具样例展示（图3-21）

"蓄势待发的火箭"由三部分组成:火箭顶部承载着各个学科的学习目标;火箭中部是学习过程的呈现,可以设定不同的学习任务;火箭底部是学生的学习收获。火箭从上到下是层层递进的关系,也是将学生思维外显的过程。

空白的"火箭"为学生们提供了一个模板,教师精心设计的提示词可以引导学生学会教授的内容。"蓄势待发的火箭"是用视觉方式来帮助学生理解知

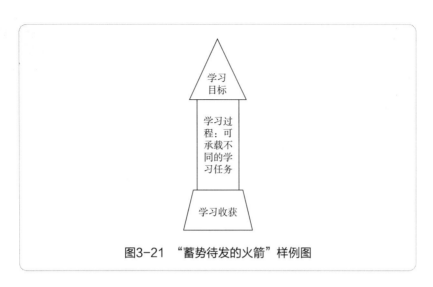

图3-21 "蓄势待发的火箭"样例图

识，帮助学生记录信息。这个"火箭图"的作用是帮助学生理解学习任务间的逻辑关系。

三、工具运用流程（图3-22）

图3-22 "蓄势待发的火箭"运用流程图

1. 教师根据学习目标确定每层的学习任务。如果学生年龄较小，可以预先准备好一幅带有提示的"火箭图"；如果学生能力较强，也可以提供一幅空白的"火箭图"，让学生根据学习目标自行制定每层的学习任务。

2. 学生根据"火箭图"上的提示开展学习，完成每层的学习任务。如果学习任务难度不大，学生可以自己进行挑战；如果学习任务难度较大或需要培养合作学习能力时，则可以以小组形式进行。

学生在学习的过程中，可以用自己喜欢的形式在"火箭图"上进行记录。完成后，可与同伴进行讨论，进一步完善"火箭图"中的内容。

3. 以小组或个人的形式在全班进行汇报交流。汇报交流时，学生可以借助"火箭图"上的提示进行归纳概括。

四、工具运用样例

学科：小学科学

教学年级：四年级

准备材料：带有提示的"火箭图"

课堂教学活动工具运用实录：

教师：开关真的可以控制电路吗？我们该怎么解决这个问题？

学生：通过实验来解决。

教师：既然要做实验，我们就得请出一个实验小助手——"蓄势待发的火箭"。谁来帮我们读一读它的活动规则？

学生：活动规则：①根据提示完成"火箭图"的填写。②小组根据填写内容进行讨论，进一步完善"火箭图"。③全班交流，得出结论。

教师：大家都清楚活动要求了吗？

学生：清楚了。

教师：接下来，给大家5分钟的实验时间，现在开始。

学生：完成实验。

教师：哪组来说一说，你们组有什么发现？

学生：当开关开口时，小灯泡不亮，电路断开。

教师：好的，其他组呢？

学生：当开关闭口时，小灯泡亮着，电路接通。

教师：通过以上的发现，我们可以得出什么结论呢？

学生：开关可以控制电路的通和断。

教师：要想让火箭一飞冲天，就得将结论的内容填写正确。小火箭到底能不能一飞冲天呢？让我们一起来看看火箭的判断吧！

五、工具运用效果反思

（一）实践效果

1."蓄势待发的火箭"有助于化难为简，调动学习兴趣

对于小学生来说，科学实验是他们最喜欢的内容。但当他们亲自实验时，

就会很茫然甚至会退缩。因为实验是对学生综合素养的一种考察，整个实验过程不仅要严谨地操作、事无巨细地观察记录，还要推理概括出实验结论，所以对于学生来说确实是不小的挑战。用"蓄势待发的火箭"这个教学活动工具来替代传统的记录单，将复杂的过程简单化，既简化了繁冗的记录过程，又可以让学生将重点转移到观察实验上，大大提高了学生的学习兴趣。

2. "蓄势待发的火箭"有助于思维的归纳概括，提高学习能力

"蓄势待发的火箭"其实是一个很简单的小工具，但它的形式多样化，教师可根据需求进行改进。"蓄势待发的火箭"最本质的特征就是归纳概括，火箭的呈现方式让繁杂的信息清晰化、简明化、趣味化，有助于学生进行归纳概括。学生可以通过教师设计的角色、情境进行学习，在学习的同时增加了一定的趣味性。

3. "蓄势待发的火箭"有助于学生掌握正确的学习方法

"火箭"的结构暗示了学生思考、表达的顺序。空白的火箭为学生提供了一个学习的模板，使他们能够有逻辑地思考问题，有序地表达想法。同时也为他们准确完整地记笔记奠定了基础。

（二）学生喜爱度对比

以本节科学课为例，教师对"蓄势待发的火箭"的学生喜爱度做了一个小调查。调查后发现全班 31 人都很喜欢这个活动（图3-23）。一些学生认为，"蓄势待发的火箭"可以将复杂的事情简单化，帮助他们做好梳理；还有的学生认为，"蓄势待发的火箭"可以减轻他们实验记录的负担，让他们可以更好地投入到观察当中；更多的学生认为记录实验的过程新颖有趣（图3-24）。

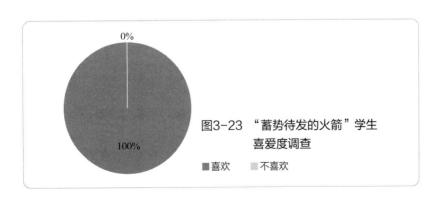

图3-23 "蓄势待发的火箭"学生
喜爱度调查
■喜欢 ■不喜欢

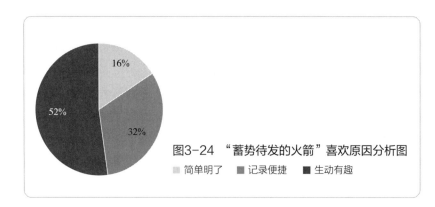

图3-24 "蓄势待发的火箭"喜欢原因分析图

■ 简单明了 ■ 记录便捷 ■ 生动有趣

在未使用此工具之前，学生们对于实验过程的记录总是草草了事，特别是在最后的归纳概括环节，即使教师给出了明显的提示，学生也缺少思考的动力。但有了"火箭图"后，给"火箭"提供助力成为了学生的思考推动力，所以学生实验过程记录的质量有了明显的提高。

（三）适用范围与建议

"蓄势待发的火箭"三部分的内容可以根据教师的需求或不同的教学任务进行替换。火箭的个数也可根据教学难度进行增减。"火箭图"的三个部分，还可以根据学习目标设立不同层次的任务，完成一层的任务后，才可出现下一层的任务，层层递进。

"火箭图"适用于各学科的多种教学环节（表3-7），例如：在学习语文时，可以借助这个"火箭图"帮助学生理解事件的因果关系（图3-25）。

表3-7 "蓄势待发的火箭"适用范围表

年级	学科	人数	课型	教学环节
□低	☑语文	□2人小组	☑新授课	□导入启动
□中	☑数学	□4人小组	☑复习课	☑呈现展开
□高	☑英语	□6人小组	☑活动课	☑练习指导
☑全部	☑其他	☑全班	☑其他	☑复习总结
				□评估反馈

"蓄势待发的火箭"也可以运用在英语单词学习中（图3-26）。

"蓄势待发的火箭"还可以运用在科学课实验中（图3-27）。

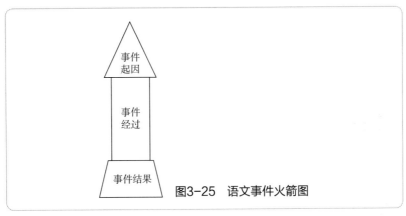

图3-25 语文事件火箭图

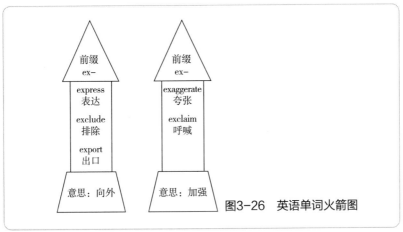

图3-26 英语单词火箭图

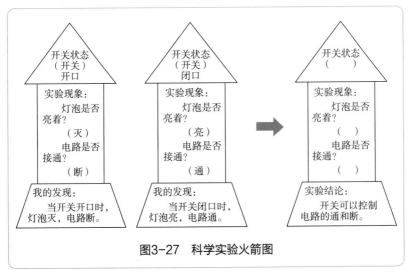

图3-27 科学实验火箭图

（张茜）

第八节
涂鸦助手

一、工具概况

"涂鸦助手"是学生记录创意灵感、体验创作的教学活动工具。它包含画袋和画笔两部分，画袋和笔都具有书写或绘图后可擦除、可重复使用的便捷功能。其中画袋为透明塑料材质，内部可以根据需要添加纸质材料。使用"涂鸦助手"可以帮助学生在课堂上更加轻松、大胆、流畅地记录自己的创意灵感，创作构思草图，还可以参与多种形式的课堂互动学习。

工具用途：

（1）调动学习兴趣，培养丰富的想象力，提高创意表现能力。"涂鸦助手"为学生开展学习交流、艺术创作提供了"支架"。它可以引导学生进行多种形式的学习体验活动，提升参与度和积极性，激发学习兴趣。在艺术创作中，学生可以将自己构想的内容快速记录在涂鸦画袋上，并可以对内容进行灵活的修改，由此降低了创作表现的难度，并克服了怕画错无法修改的畏惧心理，从而促进想象力的发展，提高创意表现能力。

（2）促进创造性思维的流畅性、变通性和独创性的表达。借助"涂鸦助手"教学活动工具能够帮助学生在课堂学习中将自己头脑中独特的想法、灵感、构思内容和解决问题的思路不受阻碍地快速呈现出来，促进创造性思维能力的提升。

（3）丰富学习方式，提升学生对知识的理解和吸收，激发学习热情。"涂鸦助手"可以结合教学内容灵活地应用在不同的学习环节中，丰富学生的学习方式。另一方面对于课堂中学生较难理解的知识和技能，可以借助此工具进行自主实践练习，突破难点，解决问题，从而增强学生的自信心和学习热情。

二、工具样例展示（图3-28）

图3-28 "涂鸦助手"样例展示图

"涂鸦助手"中的涂鸦画袋为光滑的 PVC 塑料材质文件夹，尺寸没有具体要求，可以是 A4 大小或更大，也可以直接购买成品"可擦写干擦袋"。涂鸦笔建议直接购买"干擦白板笔"。该笔是具有可擦除功能的白板笔，其笔芯为特殊油墨制成。教师根据课程内容需要在涂鸦画袋中放入白纸或纸质类学习材料，以便学生使用。

三、工具运用流程（图3-29）

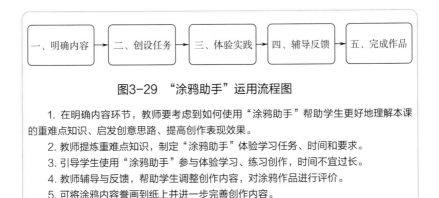

图3-29 "涂鸦助手"运用流程图

1. 在明确内容环节，教师要考虑到如何使用"涂鸦助手"帮助学生更好地理解本课的重难点知识、启发创意思路、提高创作表现效果。
2. 教师提炼重难点知识，制定"涂鸦助手"体验学习任务、时间和要求。
3. 引导学生使用"涂鸦助手"参与体验学习、练习创作，时间不宜过长。
4. 教师辅导与反馈，帮助学生调整创作内容，对涂鸦作品进行评价。
5. 可将涂鸦内容誊画到纸上并进一步完善创作内容。

四、工具运用样例

学科：小学美术

教学年级：六年级

准备材料："涂鸦助手"画袋和画笔、绘画素材图片、A4 白纸

课堂教学活动工具运用实录：

教师：今天老师和同学们进行一次有趣的创作体验。先来看看我们用到的工具，就是它（工具实物展示）。老师给这个教学活动工具命名为"涂鸦助手"，它是由画袋和画笔两部分组成的。它最神奇的地方就在于可以帮助我们将头脑中的灵感快速记录下来，并且可以反复修改，非常方便。下面老师来介绍具体使用方法和流程：

① 根据学习要求，借助"涂鸦助手"将创意灵感、文字内容快速记录下来，如需修改可借助涂鸦笔完成。

② 展示交流灵感内容，参与互动学习。

③ 可将涂鸦内容誊画到纸张上进一步完善创作。

教师：下面给大家 10 秒时间在涂鸦画袋上进行自由涂鸦，说一说使用感受。

教师：接下来让我们一起进行灵感创作。看图说一说梅·维斯特的脸是由哪些物象巧妙组合的？

学生：我发现是由名画、时钟、沙发、窗帘组成的。

教师：你观察得真仔细，我们把这幅图的艺术创作方法称为借物拼凑组合法。你们看，画家将公寓内部与肖像巧妙结合，把生活中的名画、时钟、沙发、窗帘等联想成脸部五官造型，展现出天马行空的想象力和非凡的创造力，非常值得我们学习借鉴。今天我们也用这个方法，大胆想象创作一幅奇妙的人物肖像画吧。

五、工具运用效果反思

（一）实践效果

研究发现，学生的创造力和绘画能力是在实践活动中逐渐形成的。他们在涂涂画画、玩玩做做中发展视觉感受能力和动手能力，在创造活动中发展想象力和

思维能力。"涂鸦助手"教学活动工具有助于帮助学生在"做"中积累知识和技能。

在探究学习阶段，"涂鸦助手"能够给予学生更多动手体验、尝试的机会，鼓励学生在实践中积累经验、总结规律、发展认知和技能，提升学习实效，由此做到课堂上少讲多学，提质增效。

在艺术实践阶段，它能够帮助学生将自己的创意灵感以图像的形式快速记录下来，它可以反复修改的功能降低了学生表现画面的难度和心理上的畏难情绪，由此更加大胆地进行创作，激发创作热情，提升创意表达能力和实践能力。

在反馈评价阶段，它能够呈现学生的学习效果。通过在涂鸦助手上创作内容，教师能够了解学生对学习的知识与技能的掌握情况，在巡视辅导中帮助学生调整画面构图和创作上的问题，从而提高创作能力和审美水平，促进美术素养的发展与提升。

（二）学生喜爱度对比

以《奇妙的组合》这节课为例，教师对全班 39 名学生进行了"涂鸦助手"学生喜爱度调查（图3-30）。调查结果，有 34 名学生喜欢这个工具，其中 A 同学感觉工具好操作，可以边想边画边修改，最后呈现的作品更美观；B 同学感觉使用此工具让比较难画的内容变简单了，也不怕画错，希望在以后美术课堂学习中能继续使用。3 位学生更喜欢直接在画纸上创作，原因是习惯了传统的绘画学习方式。2 位学生表示对使用涂鸦助手工具不太适应，还需要多摸索和尝试。教师可以亲自示范使用涂鸦工具进行作品创作，通过直观展示的方式突显涂鸦工具的优势，增强学生使用学具袋的信心。

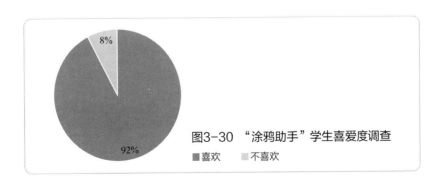

图3-30 "涂鸦助手"学生喜爱度调查
■ 喜欢　■ 不喜欢

（三）使用效果对比

结合《奇妙的组合》一课，笔者对两个班级的学生进行了"涂鸦助手"的使用效果对比。未使用"涂鸦助手"的班级，在进行艺术创作时，一部分学生存在畏难情绪：一方面是担心自己画错了在纸上不好修改，所以不敢下笔；另一方面是缺少手脑配合在纸上边画边构思的创造性思维过程，所以对造型和构图没有准确把握，导致迟迟不能下笔创作，无法完成课堂实践内容。使用"涂鸦助手"的班级学生，在创作内容时更加大胆，敢于下笔绘画。学生的想象力更丰富，可以将自己头脑中构思的各种内容快速地记录下来并根据创作的内容进行灵活的修改。一节课下来学生们创作的内容更多，且对艺术创作的兴趣有较大提升。

（四）适用范围与建议

"涂鸦助手"作为一款动手实践类工具，适合所有年级和所有学科（表3-8），可根据学科特点和教学需要进行使用。例如语文学科中的字词指导、写作练习，数学学科中的课堂计算练习、书法学科中的字体描摹等需要体验练习、记录表达、实践创作的学习内容均可使用此工具。

表3-8 "涂鸦助手"适用范围表

年级	学科	人数	课型	教学环节
□高	☑语文	☑个人	☑新授课	□导入启动
□中	☑数学	☑2人小组	□复习课	☑呈现展开
□低	☑英语	☑4人小组	☑活动课	☑练习指导
☑全部	☑其他	□全班	□其他	□复习总结
				☑评估反馈

（杨柳）

第四章

练习指导阶段的
教学活动工具

"练习指导"环节是教师组织学生在理解概念性知识和程序性知识基础上，对知识开展课堂及时实践、巩固强化、检查矫正、补充指导、反思探究等学习活动，为课后补充练习、拓展学习、长期记忆和迁移应用做准备。应用本系列教学活动工具可帮助教师解决以下问题：指导学习策略、组织指导练习、提供反馈。

第一节
是真是假

一、工具概况

"是真是假"是一个由教师确定话题内容，学生针对该话题进行真实的或有意编造的"错误"的判断，练习方式为先在小组内、再组间 PK 的教学活动工具。这一工具主要应用在练习指导环节，以此激发学生积极参与课堂活动，去掉干扰因素，巩固所学内容。

工具用途：

（1）调动学生的学习积极性和活动参与度。"是真是假"教学活动工具为枯燥的操练形式增加了趣味性，调动学生的学习积极性。同时同伴之间讨论的形式能够给学生以安全感，提高他们的活动参与度。

（2）提供学生实际操练所学内容的机会。学生在活动过程中主动思考，并结合自己的实际情况，生成自己的表达，帮助学生在实际操练中理解巩固所学内容。

（3）培养学生的思维能力。学生在参与活动的过程中，通过分析、比较、判断的方式，提高了思维能力。

二、工具样例展示（图4-1）

样例1：（与学生生活相关的内容） My Summer Holiday （我的暑假生活）	样例2：（课堂上所学的话题内容） Olympic Games （奥运会）	样例3：（看图写话） 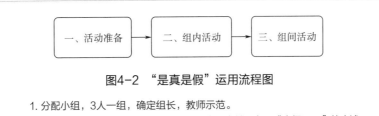
学生1： I stayed in Beijing. (T) I watched a movie every day during the summer holiday. (T) I went swimming every day. (F)	学生1： The ancient Olympic Games began in 776 B.C. (T) Only men could take part in the modern Olympics. (F) Beijing hosted the 29th Olympic Games. (T)	学生1： The car is under the bed. (T) The computer is on the desk. (F) The train is under the desk. (T)

图4-1 "是真是假"样例图

教师需要聚焦主题，结合教学内容确定具体话题内容，以配"是真是假"教学活动工具的使用。

三、工具运用流程（图4-2）

一、活动准备 → 二、组内活动 → 三、组间活动

图4-2 "是真是假"运用流程图

1. 分配小组，3人一组，确定组长，教师示范。
2. 组内活动：在规定时间内，小组成员依次说出关于自己"真假不一"的表述，同伴判断"是真是假"。每位组员最终确定一条表述作为小组间比赛内容。
3. 组间比赛：以小组为单位，每位同学依次表述，其它小组讨论、判断，教师给判断正确的小组记一分。
4. 全部小组分享结束后，得分最多组获胜。

四、工具运用样例

学科：小学英语

教学年级：六年级

准备材料：话题内容

课堂教学活动工具运用实录：

1. 复习旧知，引入话题

教师：In unit 2, we've learned how to describe a person. When we are talking about someone, what can you say about him/her?

学生：Name, job, birthday, birth-year animal, hobby…

2. 分组，教师示范

教师：Let's play a game, True or False! Let's work in groups of three. I'm going to say something about me and you guess it's true or false. I was born in the year of the ox. Is it True or False?

学生1：True.

学生2：False.

教师：I was born in the year of the ox. My birth-year animal is the ox, so it's true.

3. 小组内活动

教师：Now, let's play this game in groups and you'll have one minute to do it.

4. 小组间比赛

学生1：My favourite food is sandwiches.

学生2：It's true.

学生3：It's false.

学生4：It's true.

教师：So Group 2 is correct. You get one point.

5. 总结

教师：From this game, we get to know more about your classmates. Let's see which group is the winner.

五、工具运用效果反思

（一）实践效果

"是真是假"教学活动工具的使用，更大程度地激发了学生的学习兴趣，为课堂注入更多活力。教育心理学告诉我们，只有学生感兴趣的东西，他们才会积极地开动脑筋，认真思考，并以最简捷、最有效的方法去获得必要的知识。"是真是假"教学活动工具，促使学生迸发强烈的求知欲，使其产生一种自我进步、积极探索的精神，从而成为推动学生进行学习活动的内在动力。

此外，"是真是假"教学活动工具的使用，让所学知识和学生的真实生活之间建立联系，学生更加积极主动地参与到课堂学习中，变被动学习为主动学习。建构主义心理学通过对各年龄阶段学生的学习过程进行分析，认为学生知识的形成，并不是教师传授、学生接受的过程，而是学生对从各种途径接收到的信息进行整理，并统合到自己的知识体系中的过程。同时，"是真是假"教学活动工具的使用也提高了学生与学生、学生与老师之间的互动性，提供了更多语言交流的机会。

（二）学生喜爱度对比

以本节英语课为例，对使用"是真是假"教学活动工具班级的 37 名学生进行了喜爱度的调查（图 4-3），结果全班同学都很喜欢这个工具。在调查中发现，他们因为这一活动工具的使用，加深了对同学的了解，并发现了彼此共同的兴趣爱好，个别同学的交流活动还延续到了课下。

100%

图4-3 "是真是假"学生喜爱度调查

■ 不喜欢 ■ 喜欢

对未使用"是真是假"教学活动工具的另外一个班级的 36 名同学进行调查（图 4-4），在调查中发现，学生谈论彼此兴趣爱好等的意愿明显偏低，而且出现两极分化，一部分同学说得很多，一部分同学几乎没有交流，下课后学生也不再谈论该话题。

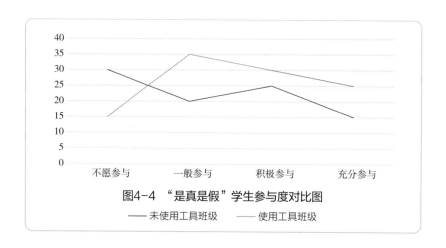

图4-4 "是真是假"学生参与度对比图
—— 未使用工具班级　　　—— 使用工具班级

（三）适用范围与建议

"是真是假"教学活动工具适合全学科和大部分年级，在练习指导教学环节使用效果最佳（表4-1）。教师可以根据授课年级、学段和学科特点，结合教学具体内容，灵活使用该活动工具，从而为学生提供实际操练所学内容的机会，提高学生理解巩固知识的效率。

表4-1 "是真是假"适用范围表

年级	学科	人数	课型	教学环节
□高	☑语文	☑2人小组	□新授课	□导入启动
□中	☑数学	☑4人小组	☑复习课	□呈现展开
□低	☑英语	☑6人小组	☑活动课	☑练习指导
☑全部	☑其他	□全班	□其他	□复习总结
				□评估反馈

（任小飞）

第二节
信息卡片寻伙伴

一、工具概况

"信息卡片寻伙伴"是以信息卡片为载体，学生持写有教学目标中涉及到的相关知识点的信息卡片，包括名词定义、概念解析等相关资料信息，根据要求寻找与自己的信息卡片内容相关联的"小伙伴"，完成信息卡片匹配的一种活动。

工具用途：

（1）培养学生的阅读能力。"信息卡片寻伙伴"教学活动工具有助于教师把抽象的知识点具化，让学生在活动中通过阅读信息卡片，明确学习内容，培养学生获取信息、传递信息和处理信息的能力。

（2）培养学生建立知识关联的能力。"信息卡片寻伙伴"教学活动工具能够让学生通过观察、分析、比较、判断、概括等活动，将信息卡片内容与知识点之间进行关联，进而达到旧知的迁移与新知的拓展，从而提高逻辑思维能力。

（3）激发学生好奇心和求知欲。教师运用"信息卡片寻伙伴"教学活动工具能够让学生在课堂中动起来，通过活动材料激发学生知识迁移的能力，使学生有一种收获新知的满足感和探索未知的欲望。

二、工具样例展示（图4-5）

"信息卡片寻伙伴"所使用的信息卡片没有特定格式，卡片内容可以根据教学内容自主设计，也可以是对教学内容的补充与拓展。信息卡片上呈现的内容必须是相互关联的，以便每名学生都能够在活动中寻找到自己的小伙伴。

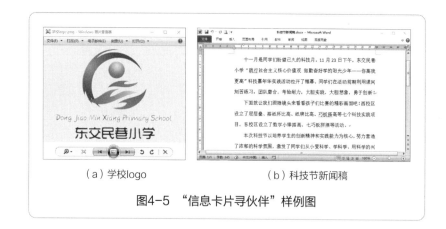

| （a）学校logo | （b）科技节新闻稿 |

图4-5 "信息卡片寻伙伴"样例图

三、工具运用流程（图4-6）

图4-6 "信息卡片寻伙伴"运用流程图

1. 根据教学内容和学生人数，将知识点按类别、功能、拓展资料等制作成不同的信息卡片，若采用小组合作学习的方式展开教学任务，则分组制作不同主题的信息卡片。

2. 告知学生活动规则，将活动时间写在规则内，让学生有紧迫感，避免活动时分神和拖沓，培养学生时间观念。

3. 打乱信息卡片顺序后，每人发一张，为节省课堂时间，卡片分发可提前至课前准备阶段。

4. 活动中注重引导学生有效自主地获取关键信息，在限定时间内寻找伙伴。

5. 学生完成后即可到教师处进行验证，教师根据"寻"的结果予以鼓励或引导，使学生能够边"寻"边巩固、拓展知识。

6. 教师根据完成速度、准确度等进行评价，学生分享结果和思考过程。

四、工具运用样例

学科：信息科技

教学年级：四年级

准备材料：信息卡片若干

课堂教学活动工具运用实录：

课堂中所呈现的情景是《认识文件和文件夹》一课中，针对"根据实际情况对文件进行分类，并给文件夹正确命名"这一教学重点展开的课堂活动。

学生阅读卡片获取文件内容信息。

教师：寻找与自己卡片中所描述的内容相关联的小伙伴们，确认无误后领取一张文件夹卡片，将拟定的文件夹名写在上面，命名时注意见名知义原则，限时3分钟。

学生在规定时间内按要求完成"寻伙伴"任务。

教师：请各小组汇报文件夹名及文件内容。

学生：我们分别组建了"中国科技""北京冬奥"和"校园文化"三个文件夹。

教师：仔细观察组内文件，还能再具体划分吗？

学生思考，并进行组内分类活动。

教师：两次分类整理的文件夹是什么关系？

学生：第二次创建的文件夹包含在主题文件夹内。

教师：因此称文件夹的这种结构为"树形结构"。

五、工具运用效果反思

（一）实践效果

在以往的课堂学习中，学生只是从课本或教师的讲授中识记知识点，缺少了知识内化的过程，从而导致学生识记效果不佳。而"信息卡片寻伙伴"能够让学生在学习知识时也处于一种主动参与的状态，是技术活动与认知活动相互支持、动手与动脑相互结合的教学活动工具，学生的思维和动手实践能力都得到锻炼和提升。尤其是在观察、阅读和分析信息卡片的过程中，培养了学生获取信息的能力。与此同时，用活动的形式学习新事物，把思维和行动结合起来，形成和扩大知识与技能，是儿童智力发展的重要手段。

（二）学生喜爱度对比

以本节信息科技课为例展开调查（图4-7），发现全班30人仅有1人不喜欢该工具，其余学生非常喜欢"信息卡片寻伙伴"这一教学活动工具，学生对使用工具进行活动的形式比以往在学习认知性知识点时直接学习概念的形式更感兴趣，印象也更深刻。这种让学生置身于学习知识、掌握方法的教学活动工具，为后面的学习奠定了扎实的基础。

图4-7 "信息卡片寻伙伴"学生喜爱度调查
■ 喜欢　■ 不喜欢

在活动喜爱度调查中也反映出学生参与活动的热情是非常高的（图4-8）。调查显示，学生喜爱并乐于参与活动的原因有很多，例如：新知识不难了，而且还能知道更多，活动也像做游戏一样，非常有趣；动手能力增强了；激发了上课的积极性和学习兴趣；能够在活动中体验与他人合作的乐趣，增强了团结协作的能力等等。而参与度不高的学生认为活动范围过大，组少人多；内容略显简单；在组内没有存在感等等。基于上述问题，学生也给出了不少建议，例如：增加挑战性，制作类别更丰富的信息卡片，增加小组数量、减少组内人数等等。

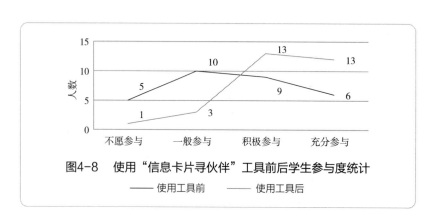

图4-8 使用"信息卡片寻伙伴"工具前后学生参与度统计
—— 使用工具前　　—— 使用工具后

（三）适用范围与建议

"信息卡片寻伙伴"活动的使用不限年级、学科（表4-2）。教师可根据学情设计难易程度不同的信息卡片，卡片内容可以结合学科知识点进行调整。例如语文学科可将作者、作品简介等分别制作成信息卡片，能够有效扩展相关内容。再如书法学科，可以将汉字的不同字体制作成信息卡片，让学生在游戏的过程中分辨不同的字体形态。

表 4-2 "信息卡片寻伙伴"适用范围表

年级	学科	人数	课型	教学环节
☐高	☑语文	☐2人小组	☑新授课	☐导入启动
☐中	☑数学	☐4人小组	☑复习课	☑呈现展开
☐低	☑英语	☐6人小组	☑活动课	☑练习指导
☑全部	☑其他	☑全班	☐其他	☐复习总结
				☐评估反馈

(郭文珊)

第三节
棒棒对对碰

一、工具概况

"棒棒对对碰"是由一组或多组承载信息的小棒和粘贴着问题字条的丝带配合使用的教学活动工具。该活动是学生针对学习内容进行反馈或拓展，根据小棒上提供的信息，寻找它们之间的关系进行"对对碰"，从而生成问题，进而解决问题的过程。

工具用途：

（1）学生在活动中作为听者、思者、裁判者，对所提出的问题形成多维度的思考并寻找联系，建立信息与问题、问题与新问题之间的关联和层次关系，促进深度思考。

（2）通过这一教学活动工具的使用，使学生学会并掌握抓住核心知识解决问题的思维策略，同时通过交流互动体会成为课堂学习主人的乐趣。

（3）激发学生的学习兴趣，培养初步的逻辑思维能力。学生作为活动的参与者，首先要开动脑筋调取所学知识，通过选取信息棒，从多方面、多角度去考虑可形成的问题，再进行判断、筛选、重组、匹配等思维活动，从而形成解决问题的思路或策略，提高学生的口头表达能力和思辨分析能力及批判性思维能力。

二、工具样例展示（图4-9）

1."棒棒对对碰"活动中的材料包括彩棒和丝带。准备两种或多种颜色的纸棒，在纸棒上（或纸棒内部塞纸条）简写出信息。如：已知条件、概念的核心

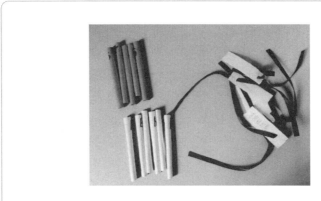

图4-9 "棒棒对对碰"样例图

词汇或公式构成的要素，不同颜色可以代表不同类别的信息。

截取一些丝带并在丝带上粘贴上与信息棒相对应的问题字条，还可以适当准备出几条"空白问题"的丝带，用来记录课上生成的问题。

2.彩棒和丝带上所标注的信息或问题因需而异，主要根据教学内容进行合理设计，也可以根据教师需要进行调整。

三、工具运用流程（图4-10）

图4-10 "棒棒对对碰"运用流程图

1.两人（或四人）一组活动，分别从袋子里各选取出一至两根小棒，看清棒上标注的信息。自己先进行"对对碰"，再选择一条合适的"问题"丝带将小棒捆扎起来，组成有意义的完整问题。

2.要求学生先独立梳理好完整的问题，再与同伴一起分析讨论，形成解题思路，进行口述分析。

3.注意给足学生活动时间，帮助学生将随机生成的问题加以提炼，通过学生互动来自主解决问题。在此过程中，教师引导学生关注信息棒之间、信息与问题之间的数量关系，同时适时进行评价与指导，起到支持者、参与者的作用。还可以组织学生进行互评，互评的内容可以包括问题的意义、合理性及解答的思路是否正确、简洁等，体现学科特点。

四、工具运用样例

学科：小学数学

教学年级：六年级

准备材料：不同颜色的小棒若干根，分别在上面标注出字母表示的图形信息，如：r 表示圆半径、h 表示高；丝带若干条，分别贴上不同的问题字条，如：求圆柱的体积、求圆锥的体积；空白的彩棒、丝带若干，供学生补充使用

课堂教学活动工具运用实录：

教师：下面我们来做一个活动，活动的名字叫"棒棒对对碰"。

教师：大家看，在你们的桌上各有一袋小棒，在小棒上标注着信息。比如 r 表示半径，那么 S 表示什么？

学生：底面积。

教师：我这里还有一些丝带，在丝带上标注着一些问题。如：求圆柱的体积、求圆锥的体积、求圆锥的高……接着，我们来了解一下活动规则，谁来给大家读一读？

学生：

① 请两名同学分别从袋子中各选出一至两根小棒，完善信息进行"对对碰"。

② "对对碰"成功的小组，跟老师要丝带，将有联系能"碰一起"的小棒和对应的问题丝带，系起来，组成有意义的问题。

③ 邀请小伙伴儿，分析解题，口述思路。

学生1：我们组选取的小棒是 a 和 h，能解决的问题是圆锥的体积。a 是正方体的棱长，我们要从正方体里切出最大的圆锥。棱长 a 其实就是圆锥底面的直径，除以2就能得到半径，有了半径和高，就可以根据 $V_锥 = \dfrac{1}{3}\pi r^2 h$，求出圆锥的体积了。

教师：很好，掌声鼓励。这个问题有一定的难度，但这组同学灵活运用知识解决了问题。

学生2：选取 S 和 h，既可以解决圆柱体积又可以解决圆锥体积两个问题。

学生3：我们抽到的是 S 和一根空白小棒，想解决"求圆柱高"的问题，所以我补充的信息是圆柱的体积，这样根据 $V_柱 = Sh$ 进行逆推，就可以求出圆柱的

高了。

教师：同学们非常棒！能够灵活运用知识解决相关的问题。给你们布置一项实践作业，将"棒棒对对碰"成功的问题记录下来，补充数据完善成完整的题目，小组交换，写出解答过程。

五、工具运用效果反思

（一）实践效果

以本节数学课为例，将使用教学活动工具"棒棒对对碰"的课堂与没有使用的课堂进行对比，使用前的课堂练习形式单一枯燥，学生的参与热情不高；而使用这个工具后，课堂活跃程度和落实教学实效性方面都有所提高。从学生的课堂表现可以看出，运用游戏方式进行练习指导大大激发了学生的学习兴趣，提高了学生学习数学的热情。巧妙地运用"碰"和"系"两个过程，进一步巩固了本单元出现的各类型问题，帮助学生从根本上发现信息与问题间的关联，理清解题思路，化繁为简。同时通过学生的相互交流，使他们能自主发现"找到核心信息是解决各种问题的关键"。

（二）学生喜爱度对比

参与工具使用的学生全部表示喜欢这个游戏活动（图4-11）。在课后访谈中，小曾同学说："这种形式的练习有趣、不累，还能激发自己去动脑思考。"小宋同学说："这个活动帮我进一步记住了一些公式，还锻炼了我的思维，让我学会自己找信息创造新问题。"小韩同学说："在跟同学的交流中，我挺有收获的，学到了更简便更优化的解题思路。"

100%

图4-11 "棒棒对对碰"学生喜爱度调查
■ 不喜欢　■ 喜欢

（三）适用范围与建议

教学活动工具"棒棒对对碰"适合于全年级、多学科的不同教学环节（表4-3）。

从适用的学科上看，在数学课上适用于理解和辨析数量关系等方面。运用于语文、英语等语言类学科时，可以将所学习的新词汇分别写在小棒内，当学生抽取不同小棒并展开词汇后，通过"对对碰"进行造句或进行口语交际的练习。

表4-3 "棒棒对对碰"适用范围表

年级	学科	人数	课型	教学环节
☐高	☑语文	☑2人小组	☑新授课	☐导入启动
☐中	☑数学	☑4人小组	☑复习课	☐呈现展开
☐低	☑英语	☐6人小组	☑活动课	☑练习指导
☑全部	☐其他	☐全班	☐其他	☐复习总结
				☑评估反馈

从适用的年级上看，"棒棒对对碰"在低、中、高年级都可以应用。低年级应用时，可以选取较为简单明确的信息和问题分别呈现在小棒和彩条上，训练学生分析并解决简单的数学问题、编题或讲数学小故事等；在中高年级使用"棒棒对对碰"，可以适当提高思维难度，出示更具挑战性的问题，激发学生的探究欲望，培养学生在关注已知信息的基础上提出问题、分析问题、解决问题的能力。提高灵活运用知识解决问题的能力，从而发展学生的逻辑思维能力。

从适用的教学环节看，"棒棒对对碰"以活动的方式出现在练习指导的环节，具有激发学习兴趣、提供反馈与矫正的作用。应用于评估反馈的环节具有评估学习效果、引导学生进行深度思考和促进思维发展的作用。

（吴国彦）

第四节
贴贴卡找伙伴

一、工具概况

"贴贴卡找伙伴"是以一个打印了生字或词语的纸卡为载体，以游戏活动为形式的教学活动工具。其内容可以是教学目标中涉及到的相关知识点，包括名词定义、概念解析、词语拓展、实际应用等关键信息内容。教师课前根据教学内容制作一定数量的信息卡片，在课堂教学中任意发给学生并出示任务要求，学生根据活动要求找到相关联的卡片一一对应，并贴在黑板上。

工具用途：

（1）培养学生专注力。低年级学生有活泼、好动、注意力易分散的特点，这一时期的无意识记占优势。就思维发展来说，直观形象思维占主导地位。运用"贴贴卡找伙伴"教学活动工具可以改善已有的课堂教学模式，抓住孩子的心理，把握动态的课堂，使学生轻松自然地进入学习状态，从根本上把控学生的注意力。

（2）学习内容活动化。"贴贴卡"制作简易、直观形象、形式多样、运用灵活，把生字、词等教学的重难点内容制作成形状多样、色彩鲜明的卡片，便于直观了解学习实效，令教学事半功倍。教师要对学生活动进行调控，将知识与学生的活动有机结合，给学生设定学习和活动的任务，带着任务目标活动，让学生成为课堂的主体，在游戏活动中可以识记生字，掌握词语，或者梳理本节课相关知识点间的联系，对于提高学生课堂学习效率有一定的积极作用。

（3）激发学习兴趣，增强课堂趣味性。教师运用"贴贴卡找伙伴"教学活动工具容易让学生在课堂中动起来，让学生自己操作，给课堂学习的字词或者其它学习内容找到相关联的伙伴，没有找到伙伴的学生还可以和其他小朋友合作。在展示交流时，教师还可以将活动变换成抽盲袋的方式，让学生自己上台任意抽取卡片并在贴在黑板上，让学生在课堂中又贴、又读、又记。通过活动材料调动学生原有旧知，使同一事物变换着不同形式，不仅让学生在课堂中有所体验，让课堂内容不再枯燥，还能激发学生的好奇心和学习兴趣。

二、工具样例展示（图4-12）

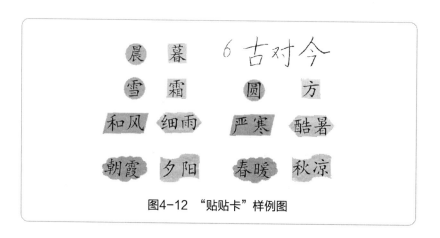

图4-12 "贴贴卡"样例图

1. 形状：根据课堂需求，可以剪裁成各种形状，如圆形、方形、梯形、云朵形等，卡片形状要方便粘贴、使用，并且能吸引学生的注意力；

2. 选材：硬卡纸或普通纸张，剪成卡片，在后面贴上磁铁；

3. 内容：根据课堂需要将内容打印或手写在卡片上，如：语文课可以写生字词，数学课可以写数字公式，英语课可以写英文单词等。

三、工具运用流程（图4-13）

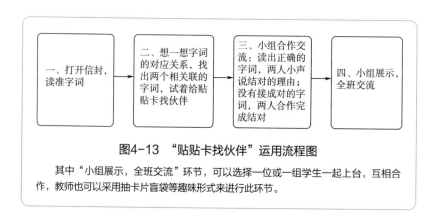

图4-13 "贴贴卡找伙伴"运用流程图

其中"小组展示，全班交流"环节，可以选择一位或一组学生一起上台，互相合作，教师也可以采用抽卡片盲袋等趣味形式来进行此环节。

四、工具运用样例

学科：小学语文

教学年级：一年级

准备材料：字词卡

课堂教学活动工具运用实录：

1. "贴贴卡找伙伴"活动，复习字词

教师：同学们，刚才我们已经学完了韵文的前两小节，接下来我们做一个小游戏——"贴贴卡找伙伴"。我们用这个小活动来检查一下大家生字是不是都读准确了。打开桌面信封，拿出里面的"贴贴卡"，上面印着一些字词。首先，把字词的字音读准确。然后，给这些字词找朋友，找到互相关联的词语，两个人互相说一说理由。如果碰到没有小伙伴的字词，可以跟同桌互相合作。

（学生开始摆，并大声出声读。）

2. 小组展示，全班交流

教师：接下来，请你们跟老师来互相配合，我出示一个字词，你们要跟我找到与之对应的字词，并且说出来。

（学生配合读出准确读音。）

（教师示范将字词贴在黑板上，再找一位同学上来贴，找到与之相匹配的。）

（教师出示几个字词小盲袋，找一组同学，一位同学任意抽取其中一个字词卡片，另一位同学从桌子上快速找出与它相对应的，并且贴在黑板上。）

（教师找到学生的问题或对应错误并及时进行纠正。）

3. 师生合作

教师：那现在我们拍着手，一起来看着黑板上的"贴贴卡"，我们一起来对对子。

（学生一起拍手读。）

五、工具运用效果反思

（一）实践效果

部编版语文一年级下册第二个集中识字单元的第 6 课《古对今》第 1、2 小节，"贴贴卡找伙伴"这一活动工具用于本节课的复习环节，让学生通过自己拼读、自己摆、对对子的方式复习巩固本节课新学习的生字、词语。这一教学活动极大地激发了学生的学习热情，课堂气氛非常活跃，既吸引了学生的注意力，又刺激了他们大脑的思维活跃性。小组活动让学生自己利用卡片找相匹配的生字朋友，这样也能让学生变被动为主动。两人在给字词找朋友的过程中，还能互相当小老师。

（二）学生喜爱度对比

以部编版语文一年级下册第二个集中识字单元的第 6 课《古对今》第一课时为例，对学生对"贴贴卡找伙伴"教学活动工具的喜爱度展开调查（图 4-14），有 38 名学生喜欢"贴贴卡找伙伴"，觉得有意思，熟记了所有生字词，并期待以后的课上继续使用。仅有 1 名同学表示不喜欢，因为其在找字卡过程中出现了一个小错误，有点气馁。学生在课堂中学习积极性被调动，平时不爱举手的同学也能参与到课堂中来。

图4-14 "贴贴卡找伙伴"学生喜爱度调查

（三）适用范围与建议

"贴贴卡找伙伴"主要适用于中、低年级的各学科不同的环节（表 4-4），本节课案例虽用在练习指导环节，但其他课堂可以用于各个环节，比如语文课的生字导入、数学课的公式呈现、英语课的单词复习等，可以激发学生对新知的学习和探究兴趣。

利用字词卡片可以开展多项有意义的活动与游戏，而这种形式是低年级的学生所喜闻乐见的。①利用卡片当礼物：教师在教学过程中，可以把自己事先精心制作的卡片当作小礼物，谁能积极参与到其中，并快速有效地记住生字，就把卡片送给谁，来激发学生学习热情。②利用卡片当小老师：低年级的学生表现欲较强，如果在教学中大胆放手让学生自己当老师来试着教学生，他们会信心倍增。③利用卡片找朋友：老师可以把词语分解成几个生字然后分发给学生，让他们自由结对，看看谁能结成朋友，这样也能变被动为主动。

表4-4 "贴贴卡找伙伴"适用范围表

年级	学科	人数	课型	教学环节
☐高	☑语文	☐2人小组	☑新授课	☑导入启动
☑中	☑数学	☐4人小组	☑复习课	☑呈现展开
☑低	☑英语	☐6人小组	☑活动课	☑练习指导
☐全部	☑其他	☑全班	☐其他	☑复习总结
				☐评估反馈

（陈宇婷）

第五节
联想网格图

一、工具概况

　　"联想网格图"是一个以网格图为载体，学生将所学知识点分层、分类梳理到网格图中，以思维导图为呈现方式的教学活动工具。教师课前制作好知识点网格，让学生将本单元涉及到的相关知识点（学习内容）、学习方法、思考过程等填入网格。以此为基点展开联想，讨论网格内容的联系与区别，将网格进行分层、分类，最终形成一个知识梳理的思维导图。在使用熟练后，学生完全可进行独立梳理，从而掌握知识点间的联系。

　　工具用途：

　　（1）培养学生逻辑思维能力。"联想网格图"可以帮助学生巩固并梳理已学知识和技能，促进知识条理化、系统化，有利于激发学生的思维投入，促进学生理解，提高学生对事物的观察、比较、分析、综合、概括、判断、推理等能力。

　　（2）培养学生的创造能力。通过创作"联想网格图"，使学生经历了一个模型化的过程，建立了知识点之间的内部联系，将教材中静态的活动，换成动态的动手操作过程，实现知识的"再创造"。

　　（3）激发学生兴趣。教师运用"联想网格图"，让学生在课堂上动起来，调出学生已有知识点，导出学生已有学习经验，增强学生好奇心和学习兴趣。

二、工具样例展示（图4-15）

　　"联想网格图"使用的信息卡片没有固定形式，可以是长方形或正方形的，也可以是具体的实物图片。每张卡片上的内容可由教师课前准备好，也可由学生

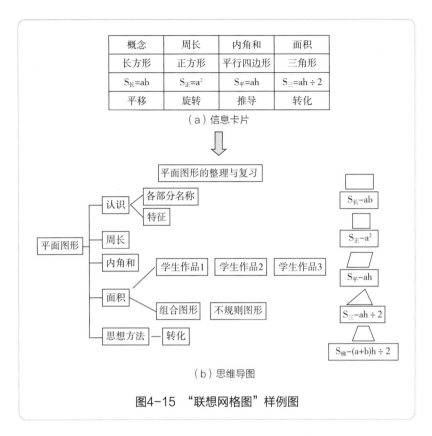

概念	周长	内角和	面积
长方形	正方形	平行四边形	三角形
$S_{长}=ab$	$S_{正}=a^2$	$S_{平}=ah$	$S_{三}=ah \div 2$
平移	旋转	推导	转化

（a）信息卡片

平面图形的整理与复习

平面图形
- 认识 — 各部分名称 / 特征
- 周长
- 内角和
- 面积 — 学生作品1 / 学生作品2 / 学生作品3 / 组合图形 / 不规则图形
- 思想方法 — 转化

$S_{长}=ab$
$S_{正}=a^2$
$S_{平}=ah$
$S_{三}=ah \div 2$
$S_{梯}=(a+b)h \div 2$

（b）思维导图

图4-15 "联想网格图"样例图

现场书写。学生根据卡片内容进行讨论交流，将网格进行分层、分类，最终根据其内容的联系进行梳理，形成思维导图。

三、工具运用流程（图4-16）

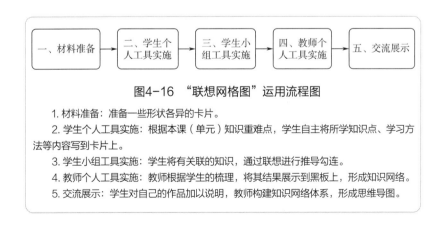

一、材料准备 → 二、学生个人工具实施 → 三、学生小组工具实施 → 四、教师个人工具实施 → 五、交流展示

图4-16 "联想网格图"运用流程图

1. 材料准备：准备一些形状各异的卡片。

2. 学生个人工具实施：根据本课（单元）知识重难点，学生自主将所学知识点、学习方法等内容写到卡片上。

3. 学生小组工具实施：学生将有关联的知识，通过联想进行推导勾连。

4. 教师个人工具实施：教师根据学生的梳理，将其结果展示到黑板上，形成知识网络。

5. 交流展示：学生对自己的作品加以说明，教师构建知识网络体系，形成思维导图。

四、工具运用样例

授课学科：小学数学

年级：五年级上册

准备材料：网格卡片、胶棒、彩笔

课堂教学活动工具运用实录：

教师：同学们，你都学习过哪些图形的面积？面积公式分别是什么？

学生：长方形 $S=ab$，正方形 $S=a^2$，平行四边形 $S=ah$，三角形 $S=ah\div2$，梯形 $S=(a+b)\ h\div2$。

教师：今天我们一起用"联想网格图"这个教学活动工具来进行"平面图形面积的整理与复习"，请你们自主阅读一下这个教学工具的使用规则。在本单元所学图形面积公式的探究过程中，我们发现这 5 个图形之间存在着一定的联系，现在请同学们拿出课前准备好的网格卡片，小组交流合作，画一画、摆一摆网格卡，用思维导图，勾连出它们之间的关系。

学生小组合作，用网格卡片，完成一张思维导图。

教师：他们的思路非常清晰（图 4-17），用"→"将这些图形的面积进行勾连。从左往右看，我们以长方形为基础图形，能够推导出其他图形的面积公式；从右往左看，我们每学习一个新的图形，都是将它转化成了旧的图形进行推导。转化是一种重要的数学思想，在知识梳理过程中，我们可以将数学思想方法也纳入到网格导图中。

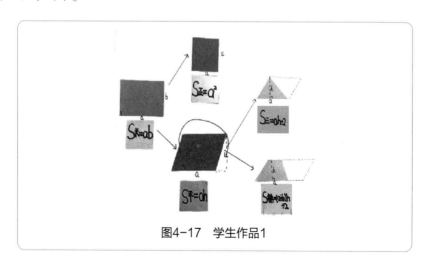

图4-17　学生作品1

教师：这组同学的想法非常巧妙（图4-18），他们利用了各个图形的特征进行逆向推导。在我们学习图形的过程中，我们都是先认识这个图形，了解它的特征，进而再学习它的内角和、周长、面积等知识。也就是说只有把握住图形的特征，才能为我们后续学习的知识奠定基础，在接下来的学习中，我们也会沿着这个思路进行其他图形的学习。

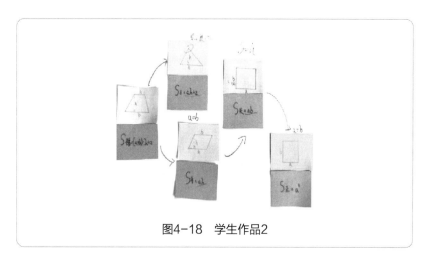

图4-18　学生作品2

教师：这组同学将集合图运用到了整理归纳中（图4-19），他们将图形进行了分类，分为四边形和三边形，他们不但关注了图形的特征，还关注到了特征之间的联系。

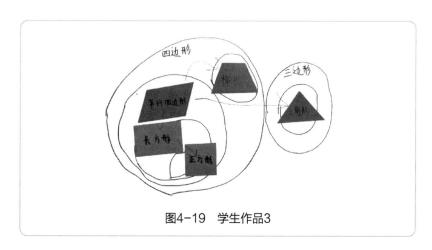

图4-19　学生作品3

学生：我还想补充组合图形和不规则图形面积的求法。求组合图形的面积时，我们运用了填补法和分割法；求不规则图形的面积，我们可以将它转化成规则图形，也可以用数格法数一数。

教师：同学们真了不起！今天我们运用了"联想网格图"这个工具，将手中不同形式的网格，经过联想，创作了属于自己的思维导图，不仅将知识总结得更加全面清晰，还更加凸显了知识之间的联系。用这种方法进行整理与复习，假以时日，你们的学习效率和效果一定都会有所提升！

五、工具运用效果反思

（一）实践效果

数学不仅仅是系列抽象的知识，更是体验、合作、探究的学习活动。在"平面图形面积的整理与复习"这节课中使用"联想网格图"这个教学活动工具，首先让学生在网格中列出自己所想到的知识，也可以更好地聚集众人的智慧，做到"巨细无遗"；进而让学生通过小组交流讨论，将网格内容进行分层分类，利用逻辑性思维逐层思考，整理出知识点的层次；最后再让学生根据图形面积之间的关系进行二次拼摆，构建自己的知识网络。学生通过经历和体验这一过程，进一步理解了这些面积公式的由来。学生用此工具之前，不知从何处入手梳理知识，用"联想网格图"教学工具之后，能够将知识点梳理得更有条理、更加简洁，也能总结得更加全面。

（二）学生喜爱度对比

数学课倡导"玩中学""做中学"，这样既激发了学生的学习热情，改变了枯燥无味的复习课学习过程，同时帮助学生构建有关联的知识体系图谱。在本节数学课的实施过程中，教师给予学生充分的时间和空间，让学生经历"列举知识→分类整理→勾连关系→画出导图→品读借鉴→思维提升"的数学探究型学习方式，自主探究绘图，讨论交流品析，让学生体验成功的喜悦，在主动参与、乐于探索中发展自我。课后的调查访谈结果显示，全班超过 90% 的学生表示喜欢这一工具（图 4-20），使用此工具后的学生课堂参与度也大幅提高（图 4-21）。学生谈道："这节课真有意思，原来我们复习课只是学什么练什么，没有思考过它们之间有什么联系。"有的同学说道："通过这节课，我学会了如何总结单元知识点，今后我也会画思维导图了！"还有的学生表示："通过交流展示，我知道了很多种方法将知识串起来，原来复习总结就像'串糖葫芦'！"

图4-20 "联想网格图"学生喜爱度调查

■ 喜欢 ■ 不喜欢

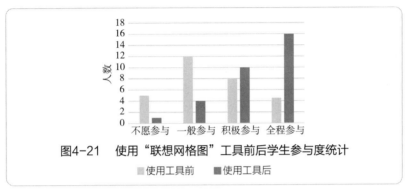

图4-21 使用"联想网格图"工具前后学生参与度统计

■ 使用工具前 ■ 使用工具后

（三）适用范围与建议

"联想网格图"适用全年级、多学科的不同环节（表4-5），可以激发学生对某一节课新知的学习和探究兴趣，更适用于进行单元、模块知识的整理与复习。教师可根据学生的年龄特点，准备不同数量、大小的网格卡片。用"联想网格图"进行教学可以了解学生对知识掌握的情况，让学生在直观的图像中勾连知识点，培养学生的逻辑思维能力、创新能力、语言表达能力，有利于调动高、中、低年级学生的学习兴趣，提高学习效率。

表4-5 "联想网格图"适用范围表

年级	学科	人数	课型	教学环节
□高	☑语文	☑2人小组	□新授课	□导入启动
□中	☑数学	☑4人小组	☑复习课	□呈现展开
□低	☑英语	☑6人小组	☑活动课	☑练习指导
☑全部	☑其它	☑全班	□其他	☑复习总结
				□评估反馈

（岳菲菲）

第六节
鸳鸯火锅

一、工具概况

　　"鸳鸯火锅"教学活动工具是以"模拟火锅"为载体，"火锅食材"以"模拟食物"的方式呈现，以团队竞争为形式的教学活动工具。"模拟食物"即为彩色纸团，纸上呈现主要问题与教学内容相关，问题的难易程度不同，难度系数大的放入"麻辣锅"一方，难度系数小的放入"清汤锅"一方，即为"鸳鸯火锅"。

　　工具用途：

　　（1）对个人来讲，可以培养学生勇于挑战自我的能力。"鸳鸯火锅"教学活动工具帮助学生梳理本堂课的知识点，对于不清楚或没有完全理解的知识点可通过该工具再次学习巩固，弥补知识薄弱点。

　　（2）对团队来讲，可以锻炼小组成员相互合作的能力，培养团队批判性思维。

　　（3）对班级来讲，可以激发学生学习兴趣。教师运用"鸳鸯火锅"教学活动工具让学生在课堂上及时反馈学习效果，做到当堂知识巩固掌握。

二、工具样例展示（图4-22）

　　"鸳鸯火锅"教学活动工具可以使用传统的火锅实物道具，也可以教师动手制作"道具"。火锅中填充的纸团代表"食材"，每张纸团上写有关于本堂知识点的问题，可以是选择题也可以是判断题。红色表示麻辣锅底的问题，绿色代表清汤锅底的问题。清汤锅里的"食材"为一般难度，相对容易，如果答对加一分。麻辣锅里的"食材"是较难类型，如果答对，将为小组加上双倍分

图4-22 "鸳鸯火锅"样例图

值。答案就在每张"食材"上,不过同学们是看不到的,必须借助手电才能看到答案。

三、工具运用流程 (图4-23)

图4-23 "鸳鸯火锅"运用流程图

1. 选题难度不同,每组选派一名代表上台,选择不同颜色的"食材",并用长筷从"火锅"中夹起纸团。

2. 讨论环节给足时间,学生相互学习互助,讨论后给出答案。

3. 判断/质疑:若一组答错则进入抢答模式,小组可质疑对手答案,对于学生大胆质疑,老师要给予适当点评激励或指导。

4. 精准记录各组答题分数。

5. 下一组继续选题,直到火锅内没有"食材"为止结束游戏,老师汇总各组答题情况进行总结。

四、工具运用样例

学科:信息技术

教学年级:五年级

准备材料:鸳鸯火锅道具,彩色纸团,长筷,手电筒

课堂教学活动工具运用实录：

1. 抢答环节

教师：CPU 全称叫什么？

第一组学生回答错误。

教师：这道题开始进入抢答环节。

第二组学生：中央处理器。

教师：回答正确，为第二组加分。

2. 质疑环节

教师：新闻中得知国产芯片应用到哪几个方面？

第一组学生：人脸识别和打印机。

第三组学生：老师，我们提出质疑。

教师把"神奇"的手电交给第三组同学查看答案。

第三组学生：质疑成功，第一组回答错误。

教师：为第三组加分。

五、工具运用效果反思

（一）实践效果

小学学习重在打知识基础，是学习习惯养成的关键时段，对于教师而言，运用科学思维提升学生在义务教育阶段对知识的掌握与灵活运用，发挥他们的主观能动性，提升学习技能，优化学习方法，对于培养学生终身学习的良好品质具有重要作用。信息技术是一门不断在发展和更新的学科，教师一方面要教学生学会信息技术的基础知识，比如什么是信息，信息的分类和采集，计算机硬件组成和软件使用基础与互联网的应用；另一方面要教给学生获取以上知识的方法。如果前者是授人以鱼的话，那么后者则是授人以渔，学会如何获取新知识比学会使用已有的知识更重要。

在课堂上使用"鸳鸯火锅"教学活动工具，由于有生活经验的积累，学生一看到"鸳鸯火锅"，就已经跃跃欲试、摩拳擦掌了。还原真实的吃火锅现场，几轮下来，各小组积累不同的分值，在最后快结束的时候，小组队员更加慎重或有目的地考虑选择麻辣锅或是清汤锅，这不仅仅考查学生对本堂课知识点的掌握情况，更重要的是培养了学生的大局意识和勇于挑战的意志精神，为复习巩固环节做准备。

（二）学生喜爱度对比

以本节信息技术课为例，该工具能让整个课堂充满活力，使学生有强烈的好奇心和使命感，学生参与热情高涨，这样传授知识可以更好地给学生身临其境的感觉。在针对全班 40 人的喜爱度调查中，全班 97.5% 都选择"喜欢"（图 4-24）。同学甲说："这种巩固知识点的方式，感觉像在饭店吃火锅一样，太有意思了。"同学乙说："整堂课都记得清清楚楚，一点也不枯燥，好玩。"同学丙说："想每堂课都能看到火锅游戏环节。"

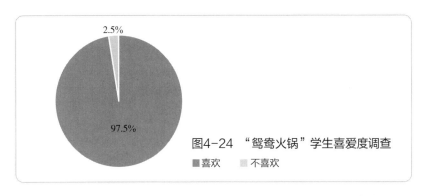

图4-24 "鸳鸯火锅"学生喜爱度调查

从同学们的回答中，已经证明"鸳鸯火锅"的受欢迎度非常高，学生学习兴趣浓厚。

使用雷达图对工具使用前后对比进行分析（图 4-25），更加直观地从师生交流程度、答题积极情况、活动参与度、知识掌握程度和小组合作程度等五个方面进行数据对比（5 分为满分）。

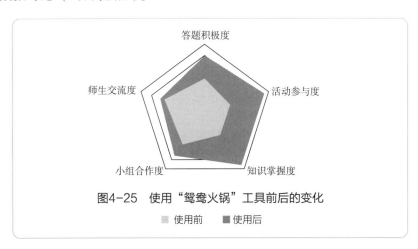

图4-25 使用"鸳鸯火锅"工具前后的变化

师生交流度得分由原来的 3 分，提升到 4.5 分。

答题积极度得分由原来的 2 分，提升到 4.8 分。

活动参与度得分由原来的 1.8 分，提升到 5 分。

知识掌握度得分由原来的 1.5 分，提升到 5 分。

小组合作度得分由原来的 2 分，提升到 4.6 分。

从图上可以看出全班同学在教师使用"鸳鸯火锅"教学活动工具后数据的显著变化，为学生下一步学习打好基础。

（三）适用范围与建议

"鸳鸯火锅"教学活动工具的使用不限年级、学科、各教学环节均可使用（表 4-6）。

表 4-6 "鸳鸯火锅"适用范围表

年级	学科	人数	课型	教学环节
□高	☑语文	☑2人小组	☑新授课	□导入启动
□中	☑数学	☑4人小组	☑复习课	□呈现展开
□低	☑英语	☑6人小组	☑活动课	☑练习指导
☑全部	☑其他	☑全班	□其他	□复习总结
				□评估反馈

（张朋）

第五章

复习总结阶段的
教学活动工具

复习总结环节通常发生在课堂教学的结束收尾阶段。教师通过多种交流方式帮助学生将学习结果表现和展示出来，指导学生在记忆、理解、实践应用、反思探索基础上把新知识、新技能进一步复习和总结，促进学生将其应用到新的情境中或长期保留下来。应用本系列教学活动工具可帮助老师解决以下问题：组织作业展示，做小结与复习，促进迁移应用，再次激励结课。

第一节
思维泡泡图

一、工具概况

"思维泡泡图"是借助图形理解巩固知识点、勾连知识之间关系的思维可视化工具。把看似分散的知识点连成线、结成网，使知识系统化、规律化、结构化。运用图文并重的技巧，帮助学生在科学与艺术、逻辑与想象之间平衡发展，开发学生大脑的无限潜能，提高课堂教学的效益。

工具用途：

（1）借助学生自我建构生成的知识网络来提高记忆效率、增强思维能力，从而提高学生的学习能力，促进学生学会学习。

（2）借助"思维泡泡图"这一工具，促进学生养成前后联系、全面分析问题的习惯，启发学生的联想力和创造力，培养和训练学生的创新思维。

二、工具样例展示（图5-1）

1. 制图前必须经历复习、整理、对比辨析的过程，梳理相关概念和知识点。

2. 根据需要选择一种或几种泡泡图进行设计。

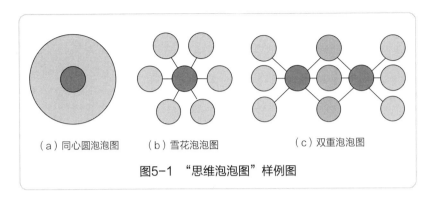

（a）同心圆泡泡图　　　　（b）雪花泡泡图　　　　　（c）双重泡泡图

图5-1　"思维泡泡图"样例图

3. 在泡泡图相应位置填入概念名称和特征词语，注意提炼概念词语时要准确精练。

① 同心圆泡泡图：中心泡泡填概念名称，外层大泡泡填特征词。

② 雪花泡泡图：中心泡泡填概念名称，外层泡泡填特征词。

③ 双重泡泡图：左右两个单独的泡泡中分别填概念名称，在中间位置的一列泡泡里填两个概念的共同特征，最外侧两列的泡泡里填两个概念各自的独有特征。

4. 可把概念名称和特征词盖住，逐个出示特征词，让其他同学根据特征词及不同位置的泡泡特征猜出概念名称。

三、工具运用流程（图5-2）

图5-2　"思维泡泡图"运用流程图

1. 学生在制作和使用"思维泡泡图"之前，除了要进行工具和纸张的材料准备，还需要复习相关知识，并进行梳理和分类，挖掘知识间的联系与区别。

2. 根据不同的需求，选择合适的泡泡图，把概念名称和提炼的特征词写到相应位置。

3. 在与同学互动时，可以逐个出示特征词，让猜的同学调取自己的知识储备，结合不同"泡泡图"的特点，逐渐猜出"概念名称"。

四、工具运用样例

学科：小学数学

教学年级：五年级

准备材料：纸、水彩笔、直尺

课堂教学活动工具运用实录：

1. 引入

教师：我们刚刚学习了"思维泡泡图"，现在回顾一下，有哪些"思维泡泡图"？

学生：有"同心圆泡泡图""雪花泡泡图""双重泡泡图"。

教师：这三种泡泡图有哪些操作要求？

（学生介绍三种泡泡图操作要求。）

2. 利用泡泡图进行信息推理

（教师盖住概念名称，将图形特征词逐个出示，学生根据给出的图形特征信息进行推理，调取知识储备，说出图形名称，如图 5-3～图 5-5 所示。）

教师：雪花泡泡图操作要求中说"外层泡泡也可根据情况成为次一级的中心泡泡"，这是什么意思？

学生：拿三角形来说，在这幅图里，我还可以把它当成"次一级中心泡泡"继续向外扩展梳理出三角形的面积、周长、内角和、种类等相关知识。

教师：这让我想起了北京冬奥会我们的主火炬台，就是由很多很多小雪花组成的大雪花。我们也可以把我们的知识点穿成知识线，连成知识网。

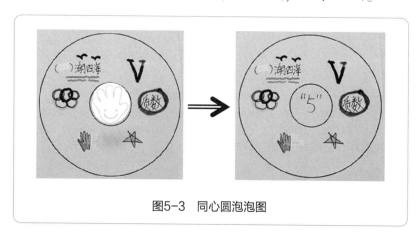

图5-3 同心圆泡泡图

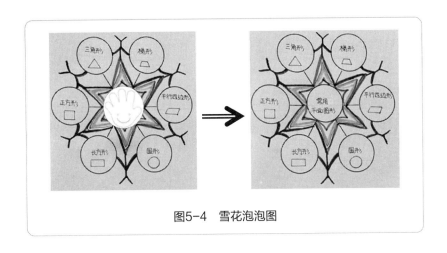

图5-4　雪花泡泡图

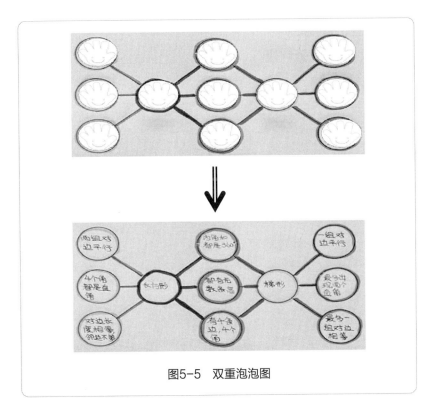

图5-5　双重泡泡图

　　教师：咱们一起根据"双重泡泡图"的操作方法判断一下这两个"概念词"好吗？

　　（教师先逐个出示最中间一列的三个特征词，找到两个概念的共同点。）

　　学生：我能判断出这两个图形是四边形。可能是长方形、正方形、平行四边形、梯形中的两个。

（教师再逐层出示最外侧的两列的特征词，找到两个概念的不同点。）

学生：左边"两组对边平行"说明左边可能是平行四边形、长方形、正方形。右边"一组对边平行"确定右边是"梯形"。最后根据后两层特征词逐渐缩小范围，直到猜出左边是"长方形"。

教师：你们真棒！抽丝剥茧一步步推理出隐藏的两个概念。

3. 总结

教师："思维泡泡图"可以激发我们大脑的无限潜能，提高学习效果。老师希望大家自觉应用"思维泡泡图"记录笔记、写学习小结、汇报学习成果等。帮助梳理和记忆知识，增强思维能力，提高学习能力。

五、工具运用效果反思

（一）实践效果

帮助学生在课堂中积累学习活动经验，是学生自主学习、提高学生知识素养综合能力的重要途径。学生学习活动经验需要在"做"的过程和"思考"的过程中积淀。"思维泡泡图"打开了教育教学新思路，能够更好地帮助学生建立明确的系统化的知识框架，从而更好地掌握知识；同时，变抽象为直观，减轻学生的学习负担，激发学生的积极性、主动性，引导思维方法，提升思维能力。

（二）学生喜爱度对比

学生非常喜欢"思维泡泡图"这个教学活动工具。以本节数学课为例，学生感觉自己梳理知识、设计思维泡泡图、与同学互动的趣味性更高，挑战性更强。活动方式更贴近学生生活，符合学生的心理特点和认知规律。学生们都意犹未尽，课堂参与度明显提高（图5-6），期望还有更多时间能把这个活动玩儿得更尽兴些。在全班36人对于"思维泡泡图"这个活动工具的喜爱度调查中，仅有1人觉得设计泡泡图有难度，不好操作无从下手，其余孩子都选择"喜欢"这一项，愿意尝试新鲜有挑战性的方式（图5-7）。

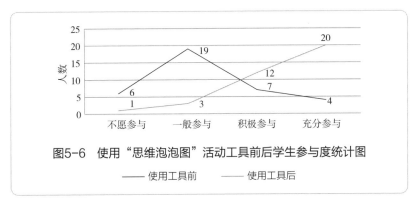

图5-6 使用"思维泡泡图"活动工具前后学生参与度统计图

—— 使用工具前 —— 使用工具后

图5-7 "思维泡泡图"学生喜爱度调查

■ 喜欢 ■ 不喜欢

（三）适用范围

"思维泡泡图"为小学学科教学提供了一种简单有效的思维可视化工具，适用于全年级、多学科的教学场景（表5-1），学生根据一定的结构组织起来的力量绝对不是个体力量的简单叠加，而是呈几何级数增长。将"思维泡泡图"应用于语文、数学、英语、科学等学科教学，会大大提高学生的学习兴趣和学习效果。

表5-1 "思维泡泡图"适用范围表

年级	学科	人数	课型	教学环节
□高	☑数学	□2人小组	□新授课	□导入启动
□中	☑语文	☑4人小组	☑复习课	□呈现展开
□低	☑英语	☑6人小组	☑活动课	☑练习指导
☑全部	☑其他	☑全班	□其他	☑复习总结
				□评估反馈

（刘丽萍）

第二节
决策卡

一、工具概况

"决策卡"是教师组织学生开展课堂讨论活动时使用的一项教学活动工具，是以"3W1H"即以"what、why、who、how"为要素的表格卡片，在小组合作中提高学生完成组内讨论的效率。

工具用途：

（1）决策卡工具可以使学生更加聚焦小组讨论的问题，构建起学生讨论问题的思路框架，帮助学生更全面、更系统地去思考，并将一些复杂问题简单化。

（2）决策卡工具能够训练学生的口头表达和书面表达能力，结构化的思维训练能够方便学生与人沟通，提高学生的沟通能力，也可以使组内成员更好地理解相互表达的意思。

（3）决策卡工具提高组内成员间的默契，培养团结协作的能力。

（4）决策卡工具提高小组讨论的效率，快速统一组内成员意见，产生良好的节奏感，目标性更强。

二、工具样例展示（图5-8）

"决策卡"在两人及以上的小组讨论时均可使用，教师先用 A4 纸将工具打印好，学生一边填写卡片，一边讨论，低年级学生可以只说不写。标题和图表形式可以根据讨论内容的需要做相应修改，如：可以将卡片中的要素调整为"3W"即"what、why、who"或"2W1H"即"what、why、how"。

116   第五章　复习总结阶段的教学活动工具

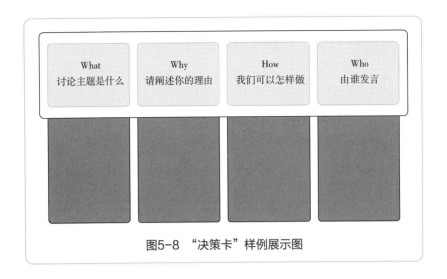

图5-8 "决策卡"样例展示图

三、工具运用流程（图5-9）

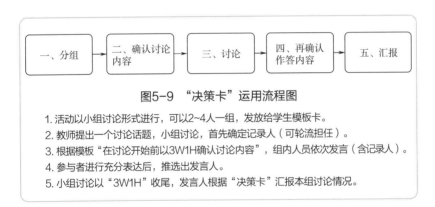

图5-9 "决策卡"运用流程图

1. 活动以小组讨论形式进行，可以2~4人一组，发放给学生模板卡。
2. 教师提出一个讨论话题，小组讨论，首先确定记录人（可轮流担任）。
3. 根据模板"在讨论开始前以3W1H确认讨论内容"，组内人员依次发言（含记录人）。
4. 参与者进行充分表达后，推选出发言人。
5. 小组讨论以"3W1H"收尾，发言人根据"决策卡"汇报本组讨论情况。

四、工具运用样例

学科：道德与法治

教学年级：四年级

准备材料：决策卡的空白表格模板

课堂教学活动工具运用实录：

教师：同学们，通过刚才的故事分享，你们在朋友中感觉到了友谊带来的美好，享受到友谊给你们带来的温暖。但是同学们，我们在和朋友相处的过程中也会遇到问题，如何让我们的友谊长久呢？

教师：接下来，我们就来展开小组讨论，我们小组讨论的主题是"好朋友是否一定要为对方保守秘密"。在讨论之前，老师先向大家介绍一位神秘的朋友，大家快看。

教师：它就叫"决策卡"，也叫"3W卡"。

教师：接下来，我想请一位同学向大家介绍"决策卡"的活动要求。

学生：①4人一个小组，请每组确认一名同学担任记录人。②小组讨论开始，围绕主题同学依次发言，发言同学可以按照"决策卡"的内容进行阐述，记录人可以记录发言人的关键词。③根据发言人的发言内容，组内推荐代表发言。

教师：接下来，就请4人一小组，开始你们组的讨论。

学生：我是我们组的代表发言人，我们组讨论的主题是"好朋友要为对方保守秘密"，我们的理由是：朋友要互相尊重，如果连秘密都保守不了，就会失去朋友的信任，而且会更没有人和你做朋友，会引起朋友间的矛盾。

学生：我们组讨论的主题是"好朋友不能为对方保守秘密"，因为有的秘密是会危及到朋友或他人的安全、产生严重后果的，还会让朋友犯错误，这样的秘密不能保守。

教师：同学们，听了大家的发言，老师进行了梳理。

教师：为同学保守秘密是对同学的一种尊重，但是如果这个秘密给朋友和他人造成不可挽回的后果，这个秘密我们怎么样？

学生：不能保守。

教师：同学们，我们的友谊来之不易，需要用心珍惜。学会与朋友相处，友谊才能更深厚更长久。

五、工具运用效果反思

（一）实践效果

1. "决策卡"工具促进学生思维的发展

我们都知道，思维的广阔性、深刻性直接影响着学生知识的获得和智力的发展。小学生思维发展的基本特点，是从以具体形象思维为主要方式逐步向以抽象逻辑思维为主要方式过渡。我们在调查中发现，学生常常会觉得在小组学习中存在"不知道怎么说""怕说错""参与不进去"等问题，"决策卡"工具很好地通过结构化思维的训练，使学生在讨论的过程中对决策方案的各个方面和可能存在的问题进行全面思考，在解决问题的过程中找到一个框架，将零散的信息加以整合，就能得出方法和结论，这个框架就是结构化思维，"决策卡"将框架可视化了。在同学讨论过程中，"决策卡"的使用打破旧的思维模式，促进了学生思维的全面发展。

2. "决策卡"工具促进学生意志品质的培养

意志是为达到一定目的并根据这个目的来支配、调节自己活动的心理状态或心理过程。课堂讨论活动是一个群体活动，可能会出现耗时长、小组成员意见不统一、能力强的学生"一言堂"等问题。在讨论过程中教师用"决策卡"工具强调了对学生意志品质的培养，学生在讨论中学会主动调节自己的行动，使行动服从一定的目的任务；学会控制自己的情绪、约束自己的行为，在讨论中大家意见不统一时，要吸纳众人所长，善于学习，积极思考，懂得集思广益，弥补个人不足。

3. "决策卡"工具使课堂更高效

"决策卡"这一工具适用的课程范围还是很广泛的。学生讨论的过程既可以让每一个学生的意见在组内得到充分的表达，又能快速集中大家的发言内容，形成组内决策，并将讨论过程固化呈现出来。教师对这一工具的运用能很好地抓住学生课堂生成，并加以引导，真正做到"以生为本"。学生基于所学内容都参与进来，能很好地控制讨论节奏，提高小组讨论的实效性。

（二）学生喜爱度对比

以本节道德与法治课为例，教师在使用"决策卡"前对 105 名学生进行了关于"小组讨论现状"的相关调研。64.4% 的学生认为现阶段的小组讨论能够基本完成，效果一般；27% 的学生认为小组讨论活动能够很好地完成；有 8.6% 的学生感到无法完成讨论的问题。存在的问题包括："组内总是一人发言""参与不进去""怕说错""答案不统一""讨论无关问题""选不出发言人"（图 5-10）。

使用"决策卡"这个教学工具后，对这 105 名学生进行了工具使用效果的后测。通过访谈部分学生，了解到这个工具的使用提高了小组学习的效率，不仅能把大家的意见集中到一起，同时让发言的同学更清晰自己要表达的观点，由"不知道说什么"到"能够参与发言"，小组讨论结束后，大家都能根据发言的内容很快确定发言人，小组的讨论过程自然地固化下来，也很利于总结、展示（图 5-11）。

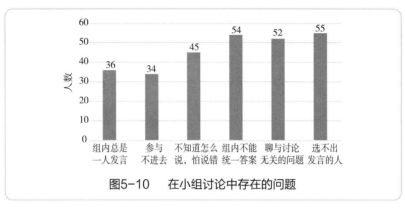

图5-10 在小组讨论中存在的问题

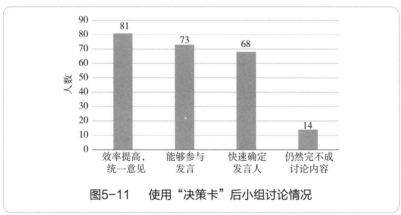

图5-11 使用"决策卡"后小组讨论情况

（三）适用范围与建议

"决策卡"教学工具更适用于中高年级（表5-2），教师准备好模板后在各个学科教学中可以随时开展活动，尤其是小组讨论中，让学生能够集中主题研讨，有话可说，有话会说，充分表达，提高了小组活动效率。

表5-2 "决策卡"适用范围表

年级	学科	人数	课型	教学环节
☑高	☑语文	☑2人小组	☑新授课	□导入启动
☑中	☑数学	☑4人小组	☑复习课	□呈现展开
□低	☑英语	☑6人小组	☑活动课	☑练习指导
□全部	☑其他	□全班	□其他	☑复习总结
				□评估反馈

（周国贞）

第三节
绘本DIY

一、工具概况

"绘本 DIY"是根据教学主题，学生运用贴图与绘画的方式，完成"创作卡"，并说明创作理由，再将"创作卡"汇集成一本"小绘本"的教学活动工具。此教学活动工具运用在复习总结环节。学生在动动手、动动脑的过程中，开展合作学习，积极思考，充分表达。

工具用途：

（1）关注学生的全员参与，不使一名学生游离于活动之外。做到全员覆盖，教师根据学习内容，开展从个人到小组再到全班的学习活动。教师运用"绘本 DIY"教学活动工具，引领学生共同参与学习。学生在制作"创作卡"，完成"绘本集"的过程中，相互学习与分享。

（2）充分尊重学生的年龄特点和认知规律，运用与学习内容相关的贴纸与绘画，采取直观绘画的方式展开学习，更贴近学生的生活。学生将自己的感想融入到创编作品之中，在完成学习任务的同时，将学习效果可视化。

（3）运用"贴一贴、画一画、选一选、说一说"的游戏方式，激发学生主动学习的热情，使学生在"乐学"的氛围中，积极思考，充分表达。

二、工具样例展示（图5-12）

"绘本 DIY"教学活动工具所用的贴图及绘画材料，由老师或学生课前根据教学内容设计准备。每个小组根据教学任务要求，共同绘制完成"创作卡"。最后，将全班各个小组的"创作卡"汇集到一起，成为独特的班级 DIY 主题绘本集。

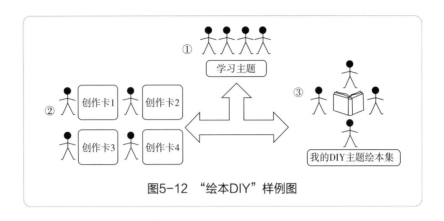

图5-12 "绘本DIY"样例图

三、工具运用流程（图5-13）

图5-13 "绘本DIY"运用流程图

1. 在明确任务时，出示讨论主题与要求。

2. 在分配任务时，小组成员间分工不要重复，组员分别阐述理由后派代表发言。

3. 完成创作可以多元化，相同主题，可以从不同维度去思考；不同主题，可以从相同维度去思考。

四、工具运用样例

学科：道德与法治

教学年级：一年级

准备材料：冬季衣服穿搭的情境图片及图片贴纸

课堂教学活动工具运用实录：

教师：同学们，刚刚我们学习了"健康过冬天"，现在请你帮助冬冬健康地过一个冬天。你们手里有两张资料卡，一张是在一个特定的场景里的冬冬，另一张是冬冬的衣柜。请你为冬冬搭配合适的服装，并讨论说出搭配的理由。最后，请同学上前面汇报，并说出为什么这么搭配。开始吧！

学生1：同学们，冬冬家里有暖气，很暖和，我给他穿件毛衣就够了。

学生2：同学们，冬冬在教室里，有时开窗通风，我给他穿上了羽绒马甲。

学生3：同学们，冬冬在操场上不做剧烈运动的话，我给他穿上了毛衣、坎肩，戴上了手套和围巾。

学生4：同学们，冬冬在上学路上，我们给他穿上了羽绒服，戴上了帽子、围巾、手套，这样冬冬就更暖和，能开开心心把学上！

教师：刚才我们完成了"创作卡"，也帮助了冬冬健康地过一个冬天。真棒！给自己点赞！老师把这些创作卡合成一个小绘本。这是"根据温度搭配衣服，健康成长"的小绘本。同学们在班里可以继续传阅，继续续写。请同学们把学到的知识运用到生活中，健康地过一个冬天！

五、工具运用效果反思

（一）实践效果

"绘本DIY"教学活动工具贴近学生实际需求，发挥学生的主观能动性，激发学生创新思维。学生在完成创作卡的过程中，将自己的想法融入作品中，运用绘图的形式充分表达。"贴贴卡、画画图"的游戏促进了学生充分思考、分析与表达，激发了学生的创造力。利用贴合学生实际生活、生动有趣的内容提高学生学习的主动性，促进对知识的深入理解。

教学活动能否取得良好的效果，取决于学生参与的态度、状态和程度。通过使用"绘本DIY"，充分发挥了学生的主体性和创造性，凸显了学生的主体地位。学生在制作"创作卡"、形成绘本的过程中，用耳朵去听、用眼去看、用脑去思考、用嘴去表达、用手去创作绘画、用心去感受，真正成为学习的主人。

（二）学生喜爱度对比

以本节道德与法治课为例，教学中，使用"绘本DIY"教学活动工具之后，学生可以全面参与到课堂学习中。从自主思考到生生之间相互学习，学生可以在交流的过程中积极思考（图5-14）。有97.2%的学生喜爱这个工具。课后，同学们还在传看课上全班同学共同创作的绘本。有的学生说："看看！这页是我们组的创意，是不是很有意思！"还有的同学说："同伴交流与分享，给了我灵感。"全班36人中，仅有1名同学表示体验与创作参与不充分（图5-15），因为他想更多地表达自己的想法，但是由于时间有限，没有充分展示。

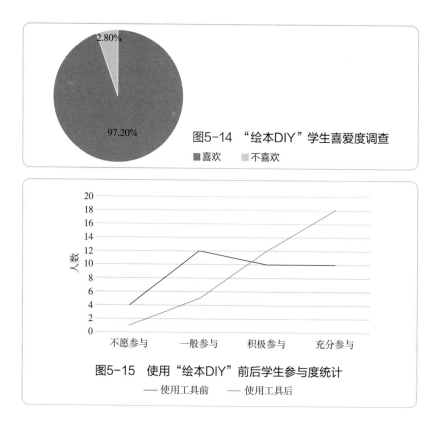

图5-14 "绘本DIY"学生喜爱度调查

■喜欢 ■不喜欢

图5-15 使用"绘本DIY"前后学生参与度统计

—— 使用工具前 —— 使用工具后

（三）适用范围与建议

"绘本 DIY"这一教学活动工具的适用范围很广，适用于各年级的各学科中（表5-3），教师可以根据教学主题及学情设计不同的"绘本"。例如，数学课可以就一个概念发散出不同的解法，形成"绘本 DIY"；英语课可创作故事绘本；科学课可根据科学原理，表述实验步骤，形成绘本合集。

表 5-3 "绘本 DIY"适用范围表

年级	学科	人数	课型	教学环节
□高	☑语文	☑2 人小组	☑新授课	□导入启动
□中	☑数学	☑4 人小组	☑复习课	□呈现展开
□低	☑英语	□6 人小组	☑活动课	□练习指导
☑全部	☑其他	□全班	□其他	☑复习总结
				□评估反馈

（白静）

第四节
太空种子

一、工具概况定义

"太空种子"由"种子"卡片和"养分"卡片两部分组成，是以创设模拟"太空种子"卡片为载体，以助力"种子"发芽生长的过程为学习过程的课堂复习总结环节的教学活动工具。"种子"卡片承载新知，"养分"卡承载与新知相关联的补充练习，将学习内容情境化。

工具用途：

（1）为学习营造情绪氛围。"太空种子"教学活动工具的设计，可以让学生在轻松愉悦的氛围中学习，通过寻找"养分"卡助力"种子"生长的情境，激发他们的学习动机，以及培养学生主动学习的积极性。

（2）在玩中巩固扩展教学内容、技能和概念。"太空种子"教学活动工具将知识重点、难点通过助力"种子"生长的方式呈现，让学生在掌握知识的同时建立知识之间的联系，促进对知识的记忆与巩固，学习效果可直接呈现。

（3）促进知识的扩展和应用。"太空种子"教学活动工具中，"种子"卡片上的知识可以是与"养分"卡相关联的，也可以是学生已有的认知，学生需通过将"养分"卡与"种子"卡之间的知识建立联系，找到相关"养分"卡，方能助力"种子"生长。这一环节培养学生观察、分析、判断、逻辑思维能力，实现对知识的扩展和应用。

二、工具样例展示（图5-16）

"太空种子"所使用的"种子""养分"卡片没有特定格式，可以根据教学

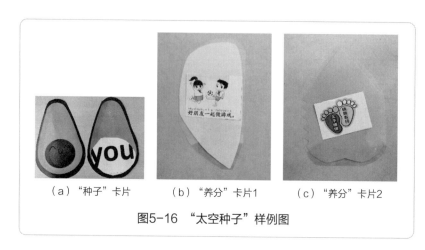

（a）"种子"卡片　　　（b）"养分"卡片1　　　（c）"养分"卡片2

图5-16　"太空种子"样例图

内容自主设计。每张"养分"卡片上呈现的内容必须是与"种子"卡信息相互关联的，例如，汉语拼音与生字、短句、图片等相关联的内容。

三、工具运用流程（图5-17）

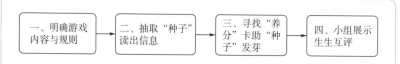

图5-17　"太空种子"运用流程图

1. 教师制作卡片并发给学生，"种子"卡上的内容一般为本节课的新授知识或教学难点，"养分"卡为与之相关联的知识，更多的是巩固、扩展练习内容。

2. 学生以小组为单位抽取"太空种子"卡。小组人数根据内容可以设置2~4人，为了让学生有更多参与机会，人数不宜过多。

3. "养分"卡上的内容比较多，目的是让学生多练，可以是新的知识点，也可以是旧知需要巩固的内容，让学生自主多练习，让新旧知识建立联系，同时给足学生一个思考判断的时间，引导学生选取与"种子"卡相关的内容，达到课堂实际获得，减负提效。

4. 学生独自读取手中"养分"卡的信息。根据"太空种子"卡的信息，寻找同学手中的"养分"卡，找到能够助力"种子"发芽相关联的"养分"卡。

5. 学生大声读出自己找到"养分"卡上的信息，解释与"种子"卡上的信息之间的关联，说清能让种子发芽的原因。其他同学判断这组寻找到的"养分"卡是否正确并给予评价。

四、工具运用样例

学科：小学语文

教学年级：一年级

准备材料："种子"卡片、"养分"卡片

课堂教学活动工具运用实录：

教师：同学们，我国的航天员从太空中给我们带来了一个神秘的礼物——"太空种子"。今天这节课，我们一起分小组播种"太空种子"，看看哪组能给"太空种子"提供的助力生长养分最多，比一比看哪组的太空种子能够长得又快又好！

教师：请每组派一名代表到前面抽取你们组需要播种的"太空种子"。

教师：请同学代表大声读出你们组"种子"卡上的信息。

教师：请同学读一读自己手中的"养分"卡片上的内容，再与同组同学合作找一找能够助力本组"太空种子"生长发芽的"养分"卡。比一比，看哪组在相同的时间里，找到的"养分"卡最多，助力本组的"太空种子"长得最快最好！

教师：时间到，哪组愿意先来播种自己的"太空种子"？

学生：我们组愿意来汇报。

教师：请你们组来汇报，其他同学认真听，判断一下他们组找到的"养分"卡能否助力这粒小"种子"发芽呢？提示一点：重复的"养分"信息，是不能让"种子"生长发新芽的。

学生：我们组找的是带有复韵母"ao"的"养分"卡。我找到"大熊猫在游泳"，这句话中的"猫"字含有复韵母"ao"。

教师：同学们来判断一下，他找的"养分"卡对不对？能否助力这粒"太空种子"发芽呢？

学生：可以！

教师：好，那我们就把这个"养分"卡浇灌在这粒"太空种子"上，瞧，现在这粒种子就破土而出，长出了一棵新芽。请你们组接着汇报。

教师：这组汇报完毕，我们一起数一数，他们组找到的"养分"卡，助力"种子"长出了多少新芽？

学生：他们组助力"种子"发了8株新芽。

教师：我们祝贺这组同学，哪组愿意接着来汇报你们组找到的"养分"卡？其他同学同样要认真听，判断一下他们组找到的"养分"卡能否助力"种子"发芽？

教师：小组汇报结束了，咱们数一数，比一比，看看哪组播种的"太空种子"发的新芽最多，长得最快最好呢？

五、工具运用效果反思

（一）实践效果

教师要精心设计每节课的复习巩固练习，增强课堂 40 分钟的质量和实效，就要以学生为本。在以脑为导向的学习过程中，教师运用"太空种子"教学活动工具，激发学生左脑和右脑的潜能，把学习内容在头脑中进行整合与加工，让学生在课堂上更能展现自己，学习更加有效。

当课堂是互动的、有意义的，当学习内容与生活相关时，学生能够更好地投入到学习中。"太空种子"教学活动工具的设计让学习更具有直观性、形象性。例如，当学生学习汉语拼音时，将拼读与图片、生活建立起联系，让学生把读音和生活中的事物相联系，把抽象思维变为形象思维，学生很容易就对知识点形成长久的记忆。传统的课堂教学进行大量的信息灌输，靠死记硬背，最后学生能记住的往往很少。"太空种子"这一教学活动工具利用语言功能和视觉、听觉器官的功能来强化记忆，这与大脑的习性相一致，符合儿童年龄发展的特点，只有理解的东西才能记得牢，记得久。

（二）学生喜爱度对比

以本节语文课为例展开调查（图 5-18），结果显示，学生非常喜欢"太空种子"这个教学活动工具，与以往教师直接出示汉语拼音卡片让学生拼读的单一讲授拼音学习相比，这种方式更直观，拼读趣味性更高，挑战性更强，更贴近学生生活。

全班 40 名学生在"太空种子"教学活动工具的参与过程中都表现得意犹未尽，期望把这个活动玩得更尽兴些。班上有 38 名同学特别喜欢这一活动，能够自己判断本节课学习的汉语拼音读音和图片、生字之间的联系，参与度高。只有 2 人因为没有读完所有"养分"卡上的信息内容而感到遗憾，希望老师多给机会与时间。

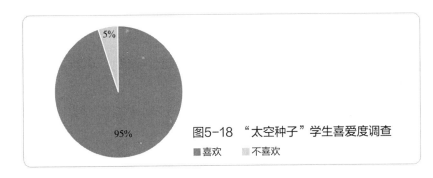

图5-18 "太空种子"学生喜爱度调查

■喜欢 ▨不喜欢

今后，教师可以关注学生读取信息的时间把控，预设"养分"卡内容的难度、梯度，对完成读取"养分"卡任务的小组，可增发助力发芽的"养分"卡，满足不同学生的需求，促使课上分层练习更有效。

（三）适用范围与建议

"太空种子"教学活动工具的使用以低中年级为主，高年级在使用时建议增加练习难度，适用于各学科的复习课、活动课（表5-4）。教师可根据学情设计难易程度不同的"养分"卡，卡片内容可以结合学科知识点进行调整。例如，数学学科可将数字、列式、概念等分别制作成"养分"卡，在练习指导或复习总结环节开展活动，能够使学生有效识记相关内容。再如，音乐学科可以将不同的音符、节奏等乐理知识制作成"养分"卡片，在练习指导环节开展活动，让学生在游戏的过程中分辨相关的乐理知识等。

表5-4 "太空种子"适用范围表

年级	学科	人数	课型	教学环节
□高	☑语文	☑2人小组	□新授课	□导入启动
□中	☑数学	☑4人小组	☑复习课	□呈现展开
□低	☑英语	☑6人小组	☑活动课	☑练习指导
☑全部	☑其他	☑全班	□其他	☑复习总结
				□评估反馈

（冯磊）

第五节
情境体验场

一、工具概述

"情境体验场"是学习者在假设环境中按角色分工进行活动以达到学习目标的一种教学活动工具。教师根据教学要求设计一个特定的情境，学生和教师扮演情境中相应的角色，遵从角色要求，将自己的认知、思维、情感、动作等整个身心活动置于角色中，通过体验去理解过程并掌握学习内容。

工具用途：

（1）"情境体验场"将抽象枯燥的知识具体化，展示知识的形成过程。

（2）"情境体验场"将抽象枯燥的知识思维外显化，理清知识的逻辑关系。

（3）"情境体验场"将抽象枯燥的知识形象化，使学生从身临其境的感知过渡到抽象的理性的顿悟。

二、工具样例展示

1. 根据学习主题，创设相应的情境。
2. 学生自主选择角色。教师可以根据情况选择角色，参与到活动体验中。
3. 学生进行活动体验。
4. 学生分享感受，教师总结。

三、工具运用流程（图5-19）

图5-19 "情境体验场"运用流程图

　　1. 根据学习主题，创设相应的情境。情境创设要符合学生的特点，为课堂教学服务，将知识应用到情境中解决理解。

　　2. 尊重学生的选择权，由学生自主选择角色。正确引导学生认识自己的特点，根据自己的特长选择角色。

　　3. 学生进行活动体验。学生参与活动过程，产生身心体验，形成情绪反应，促进认知改变，形成相应的理论知识。

　　4. 分享交流环节教师鼓励学生分享表达不同的多样化的思维，互相启发、相互沟通，从而做出正确的比较和判断，教师适时地总结。

四、工具运用样例

　　学科：信息技术

　　教学年级：四年级

　　准备材料：数字卡片、监督员桌签

　　课堂教学活动工具运用实录：

　　1. 创设情境、角色分工

　　教师：同学们，刚才我们学习了算法，下面我们就通过"情境体验场"来体验一下这个算法。刚才我们提到了几个角色呀？

　　学生：有数字宝宝、监督员、程序员。

　　教师：好！现在我们需要5个数字宝宝，2个监督员和1个程序员，老师也当数字宝宝。现在请同学们讨论一下你想当什么？

　　学生：学生讨论。

　　教师：好！大家都分配好了！请数字宝宝起立找老师抽取数字卡片。请监督员起立，站这儿。好，请程序员起立。好！李老师也抽取一张数字卡牌，站在最后一个。

　　教师：请程序员开始执行命令。

2. 活动体验，解决重难点

学生1：第一轮，22 和 26 不交换，26 和 10 交换。

教师：监督员。

学生2：同意。

学生1：26 和 13 交换。

教师：监督员。

学生2：同意。

学生1：26 和 21 交换。

学生2：同意。

学生1：26 和 7 交换。

教师：监督员。

学生2：同意。

3. 分享交流

教师：好！刚才有的同学当程序宝宝，有的同学当了监督员，还有程序员，你们在活动的过程中有什么感受啊？你说说。

学生1：我发现这个非常像电脑的排序。

学生2：比电脑的排序会快一些。

学生3：我感觉这种程序像汽水冒泡泡一样。

学生4：我觉得这个程序也很像汽水冒泡泡，把这些数字宝宝有规则地排列在一起。

学生5：刚才只有 6 个数字，我就觉得很乱了，操作起来很麻烦，电脑那么多的数字操作起来，那如果人类算的话，得有多麻烦呀！所以，由此可见，电脑的程序很严谨，一点都不能差。

教师：你们说得真好，现在请回座位。

教师：同学们！刚才咱们体验的过程叫"冒泡算法"。每个数字给人的感觉就是一个小泡泡一直冒啊冒，最终按照程序员的指令排好队，这个过程我们叫做"冒泡算法"。

五、工具运用效果反思

（一）实践效果

1. 学生通过"情境体验场"，了解了知识的形成过程。积极健康的情境体验，提高了学生对学习的积极性，使学习活动成为学生主动进行的、快乐的事情。

2. 学生通过"情境体验场"，理清了知识间的逻辑关系。学生在"情境体验场"中体验感受、语言表达。感受时，掌管形象思维的大脑右半球兴奋；表达时，掌管抽象思维的大脑左半球兴奋。这样，大脑两半球协同工作，大大挖掘了大脑的潜能，使学生在轻松愉快的气氛中学习并构建了知识之间的逻辑关系。生动的场景为学生提供了感知对象，使学生大脑中的相似块（知识单元）增加，有助于学生灵感的产生，也培养了学生相似性思维。

3. 学生通过"情境体验场"，形象地展示了知识以及相关背景，从而帮助学生认识形象与抽象、实际与理论、感性与理性、旧知与新知的关系和矛盾，还可以为学生掌握规律提供指引，从而把抽象的知识形象化。

（二）学生喜爱度对比

以本节信息技术课为例，全班 37 人，没使用"情境体验场"教学工具时，大多数学生感受：传统的视频和讲解理解起来很费劲，而且不明白思考的过程。经过多次讲解与练习，部分学生才能明白。使用"情境体验场"教学工具后97% 的学生认为该工具很有趣（图 5-20），理解难度降低了（图 5-21）。有的学生说："我能像计算机一样将这些数字按照顺序快速地排好队了。"有的学生说："原来计算机是这样排序的，怪不得又准确又快，一个数字都不会丢。"有的学生说："计算机太神奇了，我要好好学习程序语言，指挥机器人做事情。"还有的学生说："原来冒泡算法是这样的一个变化的过程呀！"

图5-20 "情境体验场"学生喜爱度调查
■ 喜欢　□ 不喜欢

（三）适用范围与建议

"情境体验场"是一款亲身体验的工具，比较适合所有年级的学生，在各学科的复习总结环节中使用（表 5-5）。

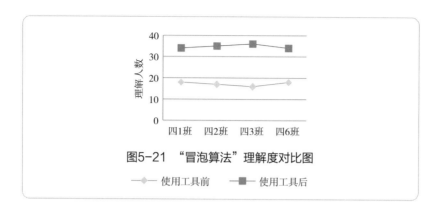

图5-21 "冒泡算法"理解度对比图

◆— 使用工具前 ■— 使用工具后

表5-5 "情境体验场"适用范围表

年级	学科	人数	课型	教学环节
□高	☑语文	☑2人小组	☑新授课	□导入启动
□中	☑数学	☑4人小组	☑复习课	□呈现展开
□低	☑英语	☑6人小组	☑活动课	□练习指导
☑全部	☑其他	☑全班	□其他	☑复习总结
				□评估反馈

例如：数学学科中，创设"超市购物"的体验，让学生扮演售货员、小顾客、收银员，激发学生学习的积极性和主动性，学生在参与购物的过程中，通过自主探究解决了在购物中算钱、付钱、找钱等一系列问题。在教学"连加、连减、加减混合"这一课时，可以创设"公共汽车"体验，让学生扮演司机、乘客、售票员，第一站到了，上来2个乘客，第三站到了，下去3个乘客，教师提问："你能根据刚才的情境列一个算式吗?"

又例如：语文学科中，有些孩子在写作文方面有困难，可以把写的内容演绎出来，之后再写，使学生入"境"生情，融"情"入境，带着感情去体验和观察，以言其心声。

(李娜)

一、工具概况

"魔术棒"是在教学的练习指导、复习总结环节学生进行情景再现、展示、创编等活动时使用的小道具。"魔术棒"起到类似魔法的作用，可以随时让学生的活动启动或暂停。

工具用途：

（1）增加课堂仪式感。教师或学生使用"魔术棒"道具随机指派小组进行情景表演，能够让"魔术师"（持有魔术棒的学生或教师）及"演员"们都感受到十足的仪式感，并使得学生积极性高涨，从而提高学生的学习兴趣。

（2）提高学生专注度，促进同伴学习。以往在一节课的复习总结环节，学生往往依据学习任务，忙于自己组内的练习、展示、交流，忽略了其他组的交流展示。有了"魔术棒"，通过"魔法"的"魔力"，可以有效调控各学习小组的学习活动，或暂停或启动，为学习分享、学习交流、学习实效提供了很好的保障。看似简单的"魔术棒"，调控"魔力"的效果极佳。学生会更加专注于正在展示的小组，从而更好地进行同伴学习。

二、工具样例展示（图 5-22）

"魔术棒"就是一个生活中常见的小玩具（图 5-22），简单的魔术棒只需要在木棍前端粘一颗星星或桃心，复杂些的也可以装饰一些丝带或彩灯。这样的道具可以直接购买，也可以由学生自己手工制作。若在班内组织擅长手工的学生亲手制作，它也会成为一个班级的特色道具，可以用在每堂课上。更有趣的

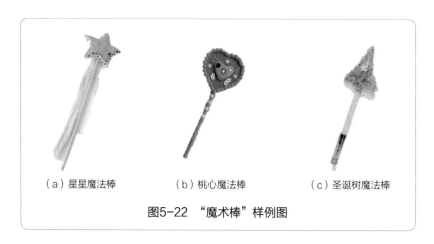

（a）星星魔法棒　　　　（b）桃心魔法棒　　　　（c）圣诞树魔法棒

图5-22　"魔术棒"样例图

是，我们可以根据课程内容的不同来设计独特的魔术棒，比如学习圣诞节主题时，魔术棒上是一棵圣诞树；学习食物话题时，魔术棒上是一个汉堡包；学习自然主题时，魔术棒上又可以是一个闪电或太阳。这样一来，魔术棒这个道具就不仅仅用于激发兴趣、提升参与感，更能在一次次的游戏中让学生对学习的话题产生更深刻的印象，从而达到"教师教得更轻松、学生学得更愉快"的目的。

三、工具运用流程（图5-23）

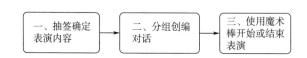

图5-23　"魔术棒"运用流程图

1. 在复习总结提升环节，教师将学生每2~4人分为一组，各组抽签，根据纸条上给出的情景及关键词明确小组表演的内容。

2. 教师根据情景的不同为各组学生提供表演时需要的简易道具，并进行语言及动作上的指导。背景音乐响起，各组学生在教室各角落进行练习，创编对话。

3. 音乐结束，教师挥舞魔术棒喊"Freeze！"，即提示到了展示环节。各组"演员"将动作及表情停滞在各自的场景中，持有魔术棒的教师随即走到任意一组"演员"旁大声喊"Action！"，则该小组进行表演。第一组表演完毕回到座位，教师将魔术棒交给其中一位同学，即任命其为接下来的"魔术师"，环节继续如上推进。

四、工具运用样例

学科：英语

教学年级：四年级

准备材料：魔术棒

课堂教学活动工具运用实录：

教师：Time for Magic Show!

学生：Hooray!

教师：Now listen. First, you take your lucky draw. Second, prepare for your dialogue, and use your body language. Please use the sentence "Would you please..." Third, use the magic stick to begin your magic show.

（学生抽签后分组准备）。

教师：Freeze! Action!

五、工具运用效果反思

（一）实践效果

新授课的教学目标主要是使学生理解并运用新知识。在课堂的新授环节后，为了让学生更好地理解并运用新知，并使得教师能够检验学生对知识的掌握情况，我们会安排学生分组操练，并结合自己的生活实际，运用小道具来进行情景表演。学生非常喜欢分组表演，但由于时间限制往往不能满足全部学生在课上表演，这会影响学生的情绪。"魔术棒"的运用拓宽了学生参与面，"魔术师"的随机调控又提高了"演员"参与度。因为对于学生来说，该教学活动工具的应用将孩子们喜爱的戏剧形式与教学相结合，这既激发了学生的学习热情，又充分调动了他们的思维及语言，让学生领悟如何真实地在生活中运用语言。

对于教师来说，"魔术棒"这一小小的道具，却可以成为教师的教学特色，成为让孩子们爱上学习的真正的"魔术棒"。此外，该教学活动工具可以有效地辅助教师营造良好的课堂氛围并实现教学目标。"魔术棒"的使用从学生的兴趣出发，以学生为本，教师少讲，学生多学，为我们创造了一堂堂简单高效、可行性高的趣味课堂。

（二）学生喜爱度对比

学生对于"魔术棒"这一教学活动工具感到非常新鲜，对比以往学生自告奋勇或教师直接指定的方式，学生更勇于表达了。大部分学生都认为"魔术棒"提高了他们的课堂参与度，使得学习的趣味性更强了（图5-24）。学生 A 说："有了这个魔术棒，我们小组在练习时更积极了，特别想被魔术棒点中，展现我们的表演。"学生 B 说："我的英语不好，但是老师会安排我做'魔术师'，给同学施魔法时感觉自己像个导演，非常有成就感，也让我更认真地倾听、观察他们的表现。下次我也想被'魔法'激活，好好表现一回！"

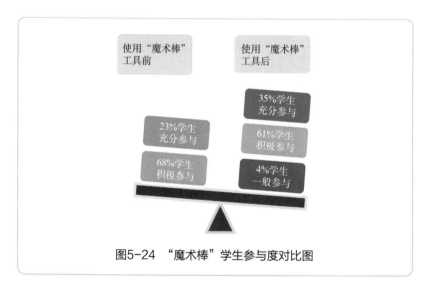

图5-24 "魔术棒"学生参与度对比图

以本节英语课为例，展开对本班 36 名学生的观察，发现平常基础较差的 2~3 名学生总是畏惧展现自己，并且对于他人的表演也不太关注。而应用此工具时，这几名学生明显专注了起来，认真观看他人的展示并时刻准备自己组的表演。

（三）适用范围与建议

此教学活动工具可以应用于任何包含表演环节的学科，如英语、道德与法治、语文、戏剧、传统文化学科等（表5-6）。但由于魔术棒这一教学活动工具原型来源于魔术或动画，并且需要配合学生戏剧化的表演，因此在操作过程中它更适用于小学低、中年级的学生。

表 5 – 6 "魔法棒"适用范围表

年级	学科	人数	课型	教学环节
☐高	☑语文	☑2 人小组	☑新授课	☐导入启动
☑中	☐数学	☑4 人小组	☐复习课	☐呈现展开
☑低	☑英语	☑6 人小组	☑活动课	☑练习指导
☐全部	☑其他	☑全班	☐其他	☑复习总结
				☐评估反馈

（冯丽彤）

第六章

评估反馈阶段的
教学活动工具

评估反馈贯穿课堂教学全部过程，这里是指教师根据教学目标要求采取多种方式收集和获取学生学习过程表现和学习结果状况的信息，做出评定并反馈给学生，达到诊断、激励、指导、调整等目的。评估学生是否正确理解了概念原理，是否能够在新的情境下应用新知识和新技能完成作业，以及问题解决的态度与能力程度等学习目标达成情况，并帮助发现补救措施。

应用本系列教学活动工具可帮助教师解决以下问题：

● 多重评价主体。将自我评价、同伴评价和教师评价相结合，开展合作评价。

● 多元评价方式。重视过程性评价、表现性评价和增值性评价，发挥评价的检测、激励和教育功能。

● 实施结果评价。明晰学业质量水平和进阶标准，改进纸笔测试方法，重建试题属性，发挥评价学习导向功能。

● 提供反馈矫正。了解学生的得分情况和总体特点，明确学生是否有错误理解概念、概括不足或概括过度的情况，确定学生在程序上是否有共同错误，指出学生在分析问题和说明问题解决方案时存在的不足，指出学生学习策略是否恰当、正确、稳定可靠，让学生知道自己的技能掌握程度以及后续应该如何做。

第一节
高效阅读卡

一、工具概况

"高效阅读卡"是学生在学习主题相关的拓展阅读内容或进行课下延展阅读时，教师根据阅读材料梳理、制定相关要素（如：故事发生的背景、人物、情节、主题等），形成图表，用来帮助学生梳理阅读框架、理解阅读内容、激发阅读自信的教学活动工具。

工具用途：

（1）帮助学生建立系统阅读架构，培养学生自主阅读能力。"高效阅读卡"当中的要素提示能够帮助学生快速建立整体阅读架构，学生在阅读中通过使用"高效阅读卡"梳理故事的结构和大意，学会提取关键信息，从而形成自主阅读的能力。

（2）帮助学生学会逻辑性表达，培养学生口头表达能力。学生可以充分利用填写完成的"高效阅读卡"，按照各要素有条理地复述故事，可以独立复述，也可以同伴交流，加深故事理解的同时也锻炼了口头表达能力。

（3）帮助学生掌握写作架构，培养学生书面表达能力。学生有了"高效阅读卡"中的要素框架作为支撑，可以创编自己的小故事，不仅能锻炼写作能力，也对思维的发展有促进作用。

（4）帮助学生养成阅读习惯，培养阅读兴趣，增强阅读素养。"高效阅读卡"还可以作为学生在业余时间的阅读卡，鼓励学生将读到的好书或故事的主要内容记录在"高效阅读卡"中，久而久之，学生就能集成自己的"小书库"，可以定期在全班进行展示交流，相互学习，养成长期阅读的习惯，受益终生。

二、工具样例展示（图6-1）

图6-1 "高效阅读卡"样例图

1. "高效阅读卡"包括但不限于以上要素。教师可以根据阅读素材，增加或删减要素内容。

2. 学生的认知水平是循序渐进的，因此，在使用"高效阅读卡"时，教师应根据学生的水平，选择合适的阅读素材。

三、工具运用流程（图6-2）

图6-2 "高效阅读卡"运用流程图

1. 课上：学生学习主要教学内容或语篇后，教师为学生补充与本节课主题相关的阅读素材，充分利用阅读卡让学生分组进行补充拓展学习，之后将学生们完成的阅读卡进行班级展示，学生分享彼此的卡片，分享阅读成果，互相评价激励。

2. 课下：可将自主阅读并完成阅读卡作为一项长作业布置给学生，学生自选有意义、感兴趣的阅读内容，可随时将自己的阅读卡带到学校与同伴分享，创造浓厚的阅读氛围。

3. 将学生完成的阅读卡集合起来，形成班级"阅读库"，定期展示交流，每月评选出"最佳阅读之星"。

"高效阅读卡"可用于阅读全程：读前用来激活已有知识、激发讨论、导入故事；读中用来帮助学生获取重要信息、理解故事；读后用来讨论和回味故事。同时，"高效阅读卡"还可一卡多用，作为课下学生自主阅读积累的有效工具，积少成多，慢慢集成属于自己的或是班级的阅读库，在同伴间传阅、分享、交流。此处主要介绍"高效阅读卡"用于课上拓展及课下延展阅读的运用流程。

四、工具运用样例

学科：英语

教学年级：四年级

准备材料：高效阅读卡、阅读材料

课堂教学活动工具运用实录：

1. 分组：学生自主抽取阅读文本，获得相同阅读内容的学生为一组

教师：同学们，刚刚我们学习了端午节的一些知识。中国有许多传统节日，看，老师为你们准备了三篇小故事，分别是关于春节、端午节和中秋节。让我们阅读这些故事，并选出今日班级"最佳阅读之星"。现在，请看活动规则。首先，请同学们依次抽取故事，抽到相同故事的同学为一组。

（学生依次抽取小故事，同组同学坐在一起。）

2. 个人自主阅读，完成阅读卡后同组交流讨论

教师：请大家阅读自己手中的小故事，提取故事中的主要信息，完成阅读卡。

（学生阅读故事，填写阅读卡。）

教师：同学们都完成了，接下来，请同组同学互相讨论、交流填写完成的阅读卡，并尝试自己讲讲这个故事。

（学生讨论交流。）

3. 每组推选出一位"阅读之星"，准备班级分享

教师：请小组内推选一位"阅读之星"，评选标准如下（表6-1）：

表6-1 小组"阅读之星"推荐评价表

	好 Good	很好 Very Good	好极了 Perfect
语言表达流畅：	☆	☆☆	☆☆☆
内容填写准确：	☆	☆☆	☆☆☆
书写干净整洁：	☆	☆☆	☆☆☆
总计（满分9☆）	☆☆☆☆☆☆☆☆☆		

（学生生生互评，选出推荐人选。）

4. 各组"阅读之星"推荐分享

教师：接下来，我们一起来看看谁将获得班级"最佳阅读之星"。请各组推选的"阅读之星"依次进行故事推荐与分享。

学生分别讲故事，分享展示。

5. 评选班级"最佳阅读之星"

教师：三位同学的故事分享非常精彩。谁将获得班级"最佳阅读之星"？请各小组根据评选标准进行讨论。评选标准如下（表6-2）：

表6-2 班级"最佳阅读之星"评价表

	好 Good	很好 Very Good	好极了 Perfect
语音语调标准：	☆	☆☆	☆☆☆
语言表达流畅：	☆	☆☆	☆☆☆
大方自信：	☆	☆☆	☆☆☆
总计（满分9☆）	☆☆☆☆☆☆☆☆☆		

生生评价，选出"最佳阅读之星"。

6. 课下延展阅读，自主选材，继续推荐分享，形成班级"阅读库"

教师：恭喜×××同学当选班级"最佳阅读之星"。课下，请同学们继续利用好"高效阅读卡"保持阅读的好习惯，每个人都可以将自己的阅读卡放入我们的"班级图书馆"之中，你也能成为"阅读之星"。

五、工具运用效果反思

（一）实践效果

通过"高效阅读卡"，教师将时间留给学生，让学生自主体验和品味故事，学会思考。"高效阅读卡"不仅渗透给学生阅读的方法，让学生知道如何去进行阅读，还可以巩固所学知识，用已学知识来表达自己的想法和观点。同时，教师可将"高效阅读卡"配合有意思的活动一起使用，如故事沙龙、班级故事会、阅读之星评选、最佳故事推荐人等。在教学中，教师借助"高效阅读卡"将评价贯穿始终，有"小组阅读之星"的评选，也有"班级最佳阅读之星"的评选，让阅读生动起来，让学生爱上阅读。

（二）学生喜爱度对比

有了"高效阅读卡"中各要素的支撑与帮助，学生们纷纷表示："一下子就能找到故事中的关键信息，比以前没有阅读卡的时候能够更快读懂故事大意了""我能够按照阅读卡中的信息自己把故事讲出来了，大大锻炼了我的口语表达能力""我还能自己根据阅读卡创作属于自己的故事"。以本节英语课为例，教师通过对全班 37 名学生的访谈得出以下数据：在没有使用"高效阅读卡"的课堂中，有 28% 的学生表示自己对阅读不太感兴趣，只是为了完成学习任务，遇到较难的语篇时往往很难找到重点，整体理解语篇较为困难，课堂参与度不高；使用了"高效阅读卡"后，学生们找到了阅读的抓手，仅有 6% 基础较为薄弱的学生需要老师进一步关注（图 6-3）。92% 的学生表示非常喜爱使用"高效阅读卡"，仅有 8% 的学生表示使用起来还是有困难（图 6-4）。

（三）适用范围与建议

"高效阅读卡"适合中、高年级学生在进行语篇阅读或主题拓展阅读时使

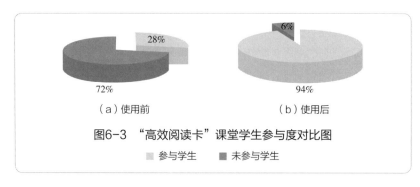

图6-3 "高效阅读卡"课堂学生参与度对比图

（a）使用前　　　　　　（b）使用后

■ 参与学生　■ 未参与学生

图6-4 "高效阅读卡"学生喜爱度调查

■喜欢　■不喜欢

用，也可以作为学生课下自主阅读的有效工具（表6-3）。

表6-3 "高效阅读卡"适用范围表

年级	学科	人数	课型	教学环节
☑高	☑语文	☑2人小组	☑新授课	□导入启动
☑中	□数学	☑4人小组	☑复习课	☑呈现展开
□低	☑英语	☑6人小组	☑活动课	☑练习指导
□全部	☑其他	☑全班	☑其他	☑复习总结
				☑评估反馈

（汪文琪）

第二节
"薯"你最棒

一、工具概况

"'薯'你最棒"是以"薯条"为载体，以奖励为形式的评估反馈教学活动工具。教师根据教学内容用黄色硬卡纸制作一定数量的"薯条"，放在红色硬卡纸折成的盒子中。"薯条"每个面可以空白，也可以写教师对学生的鼓励性评价、教学目标中的重难点、课堂提问的答题线索等。

工具用途：

（1）引导学生自主思考。"薯条"上的线索、概念、注释等信息可以引导学生自主探索、独立思考，帮助学生发现学习中的乐趣。

（2）激发学生学习热情。"薯条"作为奖励发给积极发言的学生，可以激发学生学习热情，提高学生课堂参与度。

（3）提高逻辑思维能力。学生将课堂学到的相关知识进行比较、分析、归纳，及时将学习收获写在空白"薯条"上，不仅能加深巩固旧知、促进新知内化，还有助于形成自己的知识体系，提高逻辑思维能力。

二、工具样例展示（图6-5）

"'薯'你最棒"由红色和黄色硬卡纸制作而成。"薯条"可以折成三棱柱或四棱柱，"薯条"的每个侧面上的信息教师可以根据教学内容、教学梯度进行个性化设计。如果授课对象是中、高年级的学生，教师还需准备一定数量的空白"薯条"，并给学生留出充足的时间让他们在"薯条"上填写小组讨论结果或个人收获。学生之间分享交流"薯条"上的内容，教师给予反馈指导。课后学生

图6-5 "薯你最棒"样例图

可以保留"薯条"作为整理笔记的依据。此外,为了更好地调动学生的积极性,教师也可以邀请学生共同参与"薯条"的制作。

三、工具运用流程(图6-6)

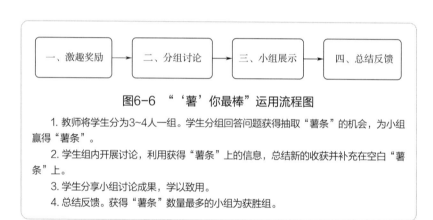

图6-6 "'薯'你最棒"运用流程图

1. 教师将学生分为3~4人一组。学生分组回答问题获得抽取"薯条"的机会,为小组赢得"薯条"。

2. 学生组内开展讨论,利用获得"薯条"上的信息,总结新的收获并补充在空白"薯条"上。

3. 学生分享小组讨论成果,学以致用。

4. 总结反馈。获得"薯条"数量最多的小组为获胜组。

四、工具运用样例

学科:小学英语

教学年级:四年级

准备材料:自制"薯条""薯条盒"

课堂教学活动工具运用实录:

教师:Well, boys and girls, today we're going to talk about how to order food in western restaurant. Look, what's this?

学生：French Fries.

教师：Yes, Ms. Li likes French Fries very much. Today I have divided you into two groups. So if you can answer my question, you can win the chance to choose the French Fries for your group. Let's see which group wins the most. Are you ready?

学生：Yes!

教师：What is your favourite food in western restaurant and why?

学生 1：I like pasta best. Because it's easy to make.

教师：Good girl. OK, you can choose one.

学生 2：I like French Fries, too. It's yummy and I like it with ketchup.

学生 3：I like pizza best. My grandma and grandpa can make it at home. It's very delicious.

学生 4：Ice cream is my favourite. I like sweet food.

教师：I like ice cream, too. But don't eat too much sweet food. It's not healthy and bad for your teeth. What's the difference between the Chinese restaurant and western restaurant? For example, when we have dinner in Chinese restaurant, we have round table, right? And what about in western restaurant?

学生：They use long tables.

教师：Yeah, they use rectangular tables. Anything else? In Chinese restaurant we use chopsticks, What do you use in western restaurant?

学生：We use fork and knife.

教师：Okay! Excellent job!

教师：Well, boys and girls. Today we've learnt how to order food in western restaurant. And there is also some important things for us to discuss. We are going to talk about the table manners. Do you know table manners? That means some rules you should obey to have dinner in a restaurant. And as for today, I have six pictures for you. Different pictures have different meanings. So you can think about it and talk with your partner. What are they? You can write it on your blank French Fries.

教师：Have you finished?

学生：Yes.

教师：Okay, what about the first one? What does it mean?

学生：Napkin in your lap.

教师：Yes, napkin in your lap. Do you know napkin? You can't put your napkin here. You should put it on your lap. So what about the second one? There's a table and a person. What does it mean?

学生：Elbows off the table and sit up tall.

教师：Do you know elbow? Where is your elbow? Show me! Yes, this is your elbow. You should put your elbow off the table, not on the table. And sit up tall like this.

教师：Today all of you really did a great job. How many French Fries have you got? Let's count.

小组 1：We got six.

小组 2：We won eight!

教师：Perfect! Today Group 2 wins. Congratulations!

五、工具运用效果反思

（一）实践效果

教学评估反馈是课堂教学的重要部分，在极大程度上影响着教学的质量和效果。"薯你最棒"作为评估反馈教学活动工具，形象直观，发挥了很好的作用。

首先，在课堂教学中，教师需要对学生的正确回答给予即时肯定，这样有利于激发学生学习热情和兴趣，使学生产生积极向上的学习心态，从而增强学习的主动性。"薯条"作为一种新颖的评价形式，可以在最短时间内将学生引入学习情境。学生为了赢得"薯条"奖励积极举手发言，他们的课堂学习活动表现更积极、更兴奋，师生互动增多。教师通过访谈发现，学生认为在"薯你最棒"这个教学活动工具的使用过程中，情感体验更愉快，对教学内容更感兴趣。

其次，"薯条"上的可视化信息为学生提供抓手，引导学生思考问题、解决问题，丰富学生语言。学生可以在空白"薯条"上写自己的想法、收获，并分享交流。教师基于学生空白"薯条"上生成的内容及时捕捉学生学习的信息，进行适时的点拨，解决学生学习中的困惑，给予学生积极的回应。学生课后可以将自己的"薯条"赠给同伴，加强同伴之间的沟通交流，互帮互助，共同进步。学生通过这种方式，将书本上的知识应用到实际生活中，学以致用。"薯条"虽小，魅力无穷，巧妙运用，让课堂充满生机，又成为一种突破重难点的有效教学活动工具，蕴藏着无尽的教学艺术。

最后，将"薯你最棒"教学活动工具恰当地融入到教学内容当中，将学习评价贯穿始终，提高学习效率。

（二）学生喜爱度对比

学生们非常喜欢"'薯'你最棒"这个教学活动工具。以本节英语课为例，对全班 35 名学生进行"'薯'你最棒"喜爱度调查（图 6-7），结果有 33 名学生明确表示非常喜欢这个工具，并期盼以后的课上可以继续使用此工具；有 1 名学生觉得这个工具一般，他更加喜欢积分卡；仅有 1 名学生表示自己平时并不喜欢油炸食品，不喜欢薯条，因此觉得这个工具不适合自己。

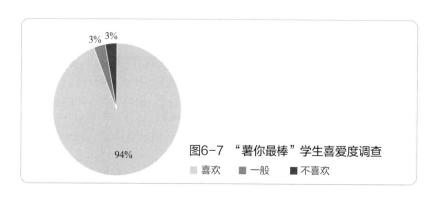

图6-7 "薯你最棒"学生喜爱度调查
▨ 喜欢　▨ 一般　■ 不喜欢

学生 A："我非常喜欢这个工具，为了得到'薯条'我会认真思考并积极回答问题，获得'薯条'后我还可以在上面写自己的总结，我觉得这个工具很神奇！"

学生 B："我平时最喜欢炸薯条，这个工具太逼真了，我看到它就有举手发言的冲动，想通过自己的努力得到它，更重要的是，我想课后拿回家，展示给我弟弟看看我的奖励。"

（三）适用范围与建议

"薯你最棒"作为评估反馈教学活动工具，具有形象直观的特点。"薯条"是孩子们的最爱，对于低年级和中年级的学生来说，通过参与课堂活动获得"薯条"既增强课堂趣味性，又调动了学生学习热情。对于高年级的学生而言，"薯条"上的可视化信息更利于学生梳理课堂教学知识点，激发学生的学习动机，提升课堂学习效果。因此它适用于各个年级的学生（表 6-4）。

表 6-4 "'薯'你最棒"适用范围表

年级	学科	人数	课型	教学环节
☐高	☑语文	☑2人小组	☑新授课	☐导入启动
☐中	☑数学	☑4人小组	☑复习课	☐呈现展开
☐低	☑英语	☑6人小组	☑活动课	☐练习指导
☑全部	☑其他	☐全班	☐其他	☐复习总结
				☑评估反馈

(李佳)

一、工具概况

"学习目标检验图"是一个以三角形平面图形为载体，教师将学习任务由易到难依次分层排列在图形上，并引导学生逐层挑战，最终达成学习目标的教学活动工具。因三角形图形形似一座高山，学生在"挑战登顶"的过程中如遇困难，可向教师申请"小缆车"（任务提示）的帮助以顺利"登顶"。此教学活动工具便于教师直观掌握学生的学习效果，并有针对性地提供个性化辅导。

工具用途：

（1）梳理归纳知识内容。教师运用"学习目标检验图"引导学生对课堂所学内容由易到难分层进行系统梳理，使学生对当堂知识点形成深刻的印象。

（2）激发学生深度思考。运用"学习目标检验图"进行挑战的过程，能促进小组合作学习，有效激发学生学习积极性，同时促进学生深度思考。

（3）全面检验教学目标。"学习目标检验图"将学习任务按照难易程度分层，利用比赛的形式准确地检验学生的知识技能水平，真实反馈教学过程的实效性，帮助教师及时掌握学生的学习情况，关注学生学习的个体差异并及时指导，查漏补缺，全面检验教学目标达成情况。

二、工具样例展示（图6-8）

"学习目标检验图"是一个平面图形，可以画在纸上，也可展示在屏幕上。

师生绘制"学习目标检验图"，由低到高分层梳理课堂知识内容，在图形上标注知识内容，并描述对应作答方式。

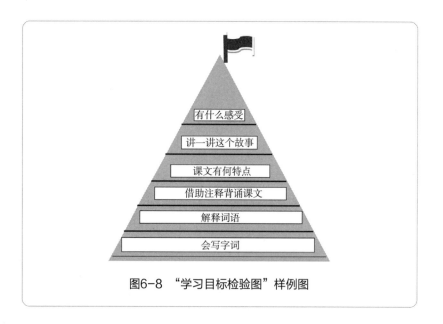

图6-8 "学习目标检验图"样例图

三、工具运用流程（图6-9）

图6-9 "学习目标检验图"运用流程图

1. 绘制"学习目标检验图"时需要师生合作，按照学习任务由易到难分层梳理课堂知识。

2. 小组合作时，由低到高逐层完成"学习目标检验图"上的知识问答，完成一层知识问答者，奖励一面小红旗，有困难者举牌申请"小缆车"（缆车上标记层号，背后有学习指导）帮助"登山"。全部答对者获登顶冠军。

3. 汇总冠军和小缆车数据，小缆车按标号分类，教师分析数据，有针对性地调整下一步教学和个性化辅导。

4. 小组合作有多种形式：师生合作；生生合作；学生独立使用。

四、工具运用样例

学科：小学语文

教学年级：三年级

准备材料："学习目标检验图"、小红旗奖章、小缆车卡片

课堂教学活动工具运用实录：

1. 导入

教师：同学们，上一节课我们一块学习了文言文《司马光》，学到了很多知识。课余我们把这些知识进行了梳理，由易到难分成6个层面，同学们制作成了一张张"学习目标检验图"。这一张张"学习目标检验图"，就像一座座知识的高山，下面我们就进行一场攀登知识高山的比赛活动。

2. 活动过程

教师：下面我讲一下比赛规则，同学们小组合作完成比赛。

教师：第一层知识问答——会写词语。

教师：听写词语"司机、司机，家庭、家庭"。

（学生展示书写的内容。）

（教师巡视作答情况，正确则奖励一面红旗，如学生有困难可申请小缆车，教师提供小缆车卡予以帮助。）

教师：第二层知识问答——解释词语。

教师："水迸，儿得活"的"迸"是什么意思？"众皆弃去"的"皆"是什么意思？

（学生回答正确者，给自己奖励一面红旗。）

教师：第3层知识问答——你能借助注释背诵课文吗？

（学生合作背诵。）

教师：第4层知识问答——课文有什么特点？

（学生互相说出答案。）

教师：第5层知识问答——你能用自己的话讲一讲这个故事吗？

（学生小组之间合作讲故事。）

教师：第6层知识问答——学了这篇课文，你有什么感受？

（学生小组之间互相说。）

（教师巡视并奖励。）

3. 统计检验结果

教师：哪些同学获得了6面红旗？

教师：恭喜你获得了"登顶冠军"称号，说明你六个层面的知识都掌握了。

教师：哪些同学申请了"小缆车"，申请了几号小缆车？

教师：说明在某些层面的知识点还没有完全掌握或者有疑难，下一步老师会

带领这部分同学进入"小缆车加油站"，进行个性化的辅导。

五、工具运用效果反思

（一）实践效果

"学习目标检验图"制作原理依据的是美国教育心理学家本杰明·布鲁姆提出的知识分类法，它简单明了，形象直观，将教学测评化繁为简，既有助于教师检验学生学习目标的达成情况，又有助于引导新的学习的生成。

（1）化繁为简，减负增效。"学习目标检验图"的运用，涵盖了对学生三个维度的评价：诊断性评价、形成性评价和终结性评价。运用该测评可替代较为单一的试卷考试形式，口头和书面综合运用，可师生合作、生生合作，也可自主进行，以课堂比赛的形式轻松完成学习目标检验，体现了以生为本的核心教育理念。

（2）驱动思维，深化思考。该工具的核心效应是驱动学生"努力登攀"，活动过程使课堂提问和学生思考行为始终处于比赛状态，有助于学生凝神聚力，同时将书本知识化静为动，化虚为实，化抽象为具体，提升学生学习的内驱力，有利于引发高质量的深层思考。

（3）读懂学生，促发新学。该工具能帮助老师理解学生的认知强度和学习水平，为教学提供第一手信息，及时调整教学计划和目标设定，有针对性地满足不同学生的需求，促进新学习的产生。同时该工具还为全员参与提供了强大的助力，有利于培育积极互动的课堂文化。

（二）学生喜爱度对比

上完《司马光》一课后，教师对全班 36 名学生使用"学习目标检验图"的情况和学习效果做了调查，涵盖学生的喜爱度、参与度、目标达成度以及是否愿意继续使用四个维度，调查结果如图 6-10 所示。

通过以上数据分析得知，"学习目标检验图"活动工具深受学生喜爱。

大多数同学认为，"学习目标检验图"有利于帮助自己梳理所学知识点，对课堂学习内容一目了然，并能很快知道自己哪些知识已经学会了，哪些知识还有困难，便于有针对性地查漏补缺。

只有极少数同学认为登山比赛的形式会给自己造成紧张感。教师应及时给予

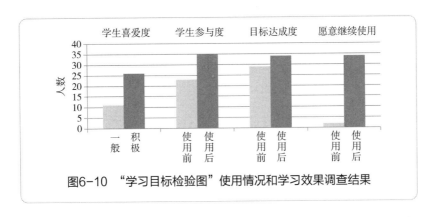

图6-10 "学习目标检验图"使用情况和学习效果调查结果

这部分同学鼓励和肯定，帮助其克服心理障碍，激发其勇于接受挑战的自信心和积极性。

总之，"学习目标检验图"将教学测评活动化繁为简，既能减轻学生的负担，又能促进新学习的产生，不失为一款高效课堂活动工具。

（三）"学习目标检验图" 适用范围与建议

"学习目标检验图"的作用在于引发全员参与，简化教学目标测评环节，它简便易行，所用材料只有一张图表，所需时间不是很多，活动形式开放有趣，因此可广泛运用于各年级各学科，特别是总结课、复习课，甚至可以作为观察学生成长情况的长期记录（表6-5）。

表6-5 "学习目标检验图"适用范围表

年级	学科	人数	课型	教学环节
□高	☑语文	☑2人小组	☑新授课	□导入启动
□中	☑数学	☑4人小组	☑复习课	□新授环节
□低	☑英语	☑6人小组	□活动课	□练习指导
☑全部	☑其他	☑全班	□其他	☑复习总结
				☑评估反馈

（张素苓）

第四节
幸运签

一、工具概况

"幸运签"是以未封口的、不透明的竹筒或其他承载物为载体，里面放置若干竹签或其他替代物品，每个签的内容侧重于教学评价，教师根据授课内容进行设置，可用喜欢的图案、数字等代替，即为"幸运签"。

工具用途：

（1）教师有效评价学习效果。评价的标准一定要有明确的指向性，能够结合评价对象、授课内容等实际情况做出针对性的评价，有利于教师及时掌握课堂教学成效，及时查漏补缺，改进和完善教学方法，提高教学的有效性。

（2）增进学生合作意识。该教学活动工具注重小组合作，能提升学生合作意识，教学活动中能激发组内学生相互促进、相互帮助，增进团队凝聚力。

（3）激发学习兴趣。运用该教学活动工具能提升课堂教学趣味性，还能培养学生探究意识、竞争意识、挑战意识，有助于学生掌握并巩固主要学习内容。

（4）教师及时获取学生学习反馈。运用该教学活动工具，教师能及时获取学生对所学内容的掌握程度，有利于教师根据学生的反馈及时调整教学策略。

二、工具样例展示（图6-11）

"幸运签"由承载物与标识签组合而成，标识签可依据教学内容，用教师喜欢的竹签、卡纸等进行设计、制作，或根据教学内容的不同选用教学内容相关的图案代替，突出评价等级的区分。

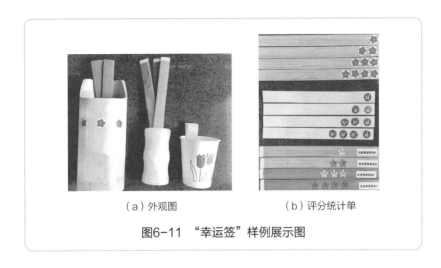

（a）外观图　　　　　　（b）评分统计单

图6-11 "幸运签"样例展示图

三、工具运用流程（图6-12）

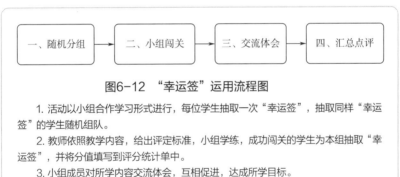

| 一、随机分组 | → | 二、小组闯关 | → | 三、交流体会 | → | 四、汇总点评 |

图6-12 "幸运签"运用流程图

1. 活动以小组合作学习形式进行，每位学生抽取一次"幸运签"，抽取同样"幸运签"的学生随机组队。

2. 教师依照教学内容，给出评定标准，小组学练，成功闯关的学生为本组抽取"幸运签"，并将分值填写到评分统计单中。

3. 小组成员对所学内容交流体会，互相促进，达成所学目标。

4. 教师统计各组最终得分，并进行点评。

四、工具运用样例

学科：小学体育与健康

教学年级：四年级

准备材料："幸运签"、评分统计单、标准线

课程教学活动工具运用实录：

1. 随机分组

教师：抽到相同签的同学归为一组，分别站到我们的第一组、第二组、第三

组、第四组的位置。准备好了吗？

学生：准备好了。

教师：开始抽取。

2. 实施教学内容，给出评价标准

教师：立定跳远里边有几个技术动作，首先是落地要轻。接下来看哪些同学能做到落地轻巧。准备，开始。

（学生开始练习，落地轻巧挑战成功的学生抽取"幸运签"，为本组加分。）

3. 学生继续挑战学习任务，教师给予评价

教师：下面我们来挑战的内容是什么？是稳，跳完之后要原地站稳。准备，开始。

（学生练习。）

（教师给予学生评价与指导。）

4. 循环往复学习，学生讨论，注重学生全覆盖

教师：接下来我们要挑战的内容是什么？是准。在立定跳远里边方向性非常重要，要求我们跳到相应的黄点上。小组先讨论一下，看有没有什么好的方法相互交流。

（学生讨论并尝试练习。）

（对于掌握不够牢固的学生讨论、启发，教师再指导，直至学生领会到位、全部掌握。）

教师：同学们跳得都很好，要想跳得准，就要正对黄点的方向是吗？

学生：是。

教师：小组继续讨论交流，确保小组内的每一名同学都能掌握。

（学生讨论并练习。）

教师：挑战成功者抽取"幸运签"，为自己小组赋分。

5. 循序渐进，突破难度，汇总各组得分，评选幸运组

教师：立定跳远最有难度的是什么？

学生：跳得远。

教师：对，远。接下来我们来挑战一下这个有远度的黄线，看看我们能不能挑战成功？成功者为自己的小组赋能，好吗？

（学生练习，为本组加分。）

教师：我们一起统计各小组得分，看看哪个小组得分最高。

教师：我们今天的幸运组就是我们的第三组，为他们鼓掌，太棒了。

五、工具运用效果反思

（一）实践效果

通过学生自主抽取"幸运签"，进行随机分组学习，充分尊重学生的选择，将主动权还给学生，使学生有更广泛的机会与更多的同学进行合作，增加学生的交往能力，提升学生的幸福感。

随机分组破除了"强、强"联手，有助于激发学生参与感与代入感，使学习增添趣味性，减少学生畏难情绪，增强学生学习积极性。同时，小组内每位学生的得分都对本小组成绩有着影响，产生人人为集体的良好氛围，小组内相互促进，共同进步。

达到优秀评定标准的学生为本小组抽取"幸运签"，"幸运签"赋能不同分值增加了学生的期待，使学习更有吸引力，最终抽取后为本组增加"不确定"的得分，激活学生的积极性与参与性，使学练更紧密，学习实效更优质、更灵活。

"幸运签"的应用一举多得，既能调动全体学生的积极性，又增加了学习过程的"幸运"性，使学习既富有趣味，又富有竞争。同时使教师有效了解学生实际学习情况，为接下来的教学奠定基础。

（二）学生喜爱度对比

为了更好地了解并掌握学生学习程度，促进学生对知识的掌握，特意开发"幸运签"教学活动工具，学生非常喜欢"幸运签"教学活动工具，教学活动因"幸运"更显活力与趣味。抽取"幸运签"随机组队，极强的参与度与未知的同伴，使学生充满强烈的好奇心、期待感和使命感，每位学生都成了课堂的主角。"幸运"是由实力保障的，挑战成功才能赢取"幸运"的机会，激发全体学生都认真学习知识。在全班32人的喜爱度调查问卷中，97%的学生都选择"喜欢"，3%的学生选择"一般"（图6-13）。

学生A："我从来没和他一组过，第一次分在一起，我很期待，我不能落后他，我们还要一起加油。"学生B："我个头矮，之前别人不愿意和我一组，怕我拖后腿，今天很幸运，我抽到了3分，为团队赢取了机会，大家都很感谢我。"学生C："今天我和同伴一起积极学习，每次我们都想成功，每次我们都想做好，

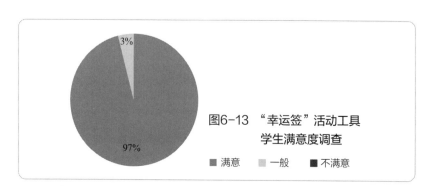

图6-13 "幸运签"活动工具
学生满意度调查

■ 满意　■ 一般　■ 不满意

好赢得抽取幸运签的资格，好给小组加分，很开心。"学生 D："我们小组今天是幸运组，希望下次我还能成为幸运组的一员。"

从学生们的话语中反映出"幸运签"很受欢迎，激发了学生参与度、促进了学习热情、愉悦了学习体验（图 6-14）。

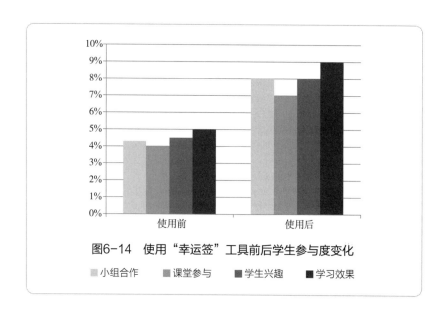

图6-14　使用"幸运签"工具前后学生参与度变化

■ 小组合作　■ 课堂参与　■ 学生兴趣　■ 学习效果

（三）适用范围与建议

"幸运签"工具的使用不限年级、人数，在评估反馈教学环节尤其适用（表 6-6）。教师根据班级情况使用"幸运签"，可以快速组织学生进行分组学练，同时运用"幸运签"促进小组全员进步，并有效监测学生学习情况。

表 6－6 "幸运签" 适用范围表

年级	学科	人数	课型	教学环节
□高	☑语文	□ 2 人小组	☑新授课	□导入启动
□中	☑数学	□ 4 人小组	☑复习课	□呈现展开
□低	☑英语	□ 6 人小组	☑活动课	□练习指导
☑全部	☑其他	☑全班	□其他	□复习总结
				☑评估反馈

（李小龙）

第五节
方格图坐标密码

一、工具概况

"方格图坐标密码"是借助"直角坐标系"中用数对表示位置的方法，辅助学生自主学习、巩固知识、设计创意作业的教学活动工具。

工具用途：

（1）促进多学科融合及综合运用。使位置、数对、诗词、名言等知识在轻松的氛围中得到复习巩固和应用，探究过程生动有趣，贴近生活。

（2）建立方位感、距离感，培养美感。在巩固知识、加深理解的同时，发展学生的空间观念和形象思维能力。在设计制作、数对呈现、学用结合的过程中也对学生进行美育熏陶。

（3）学生们将他们想说的话或想画的图在方格纸上用坐标密码呈现出来，内容丰富，思维灵活，既有神秘感又有挑战性。

二、工具样例展示（图6-15）

首先根据具体需求准备好相应的方格纸，格的大小、数量，以及相应的横纵轴标识都要根据实际情况来确定。在方格纸上设计图案，在图中标出关键点，按顺序标出关键点坐标，形成"图形密码"。或者准备一句想说的话、一句古诗、名言等，将上述文字打乱顺序随机写在上面的格中，再按文字顺序写下对应的数字坐标，形成"文字密码"，最后在方格其余格中写满干扰文字。

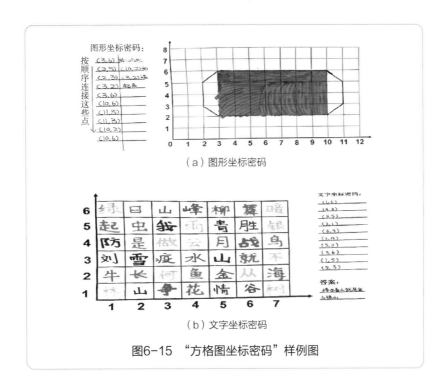

（a）图形坐标密码

（b）文字坐标密码

图6-15 "方格图坐标密码"样例图

三、工具运用流程（图6-16）

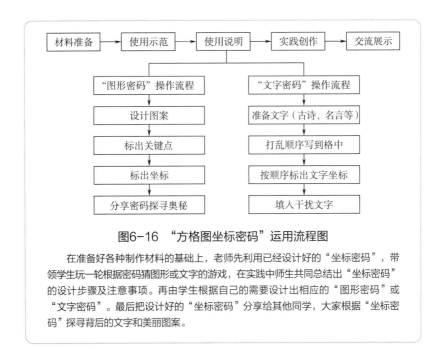

图6-16 "方格图坐标密码"运用流程图

在准备好各种制作材料的基础上，老师先利用已经设计好的"坐标密码"，带领学生玩一轮根据密码猜图形或文字的游戏，在实践中师生共同总结出"坐标密码"的设计步骤及注意事项。再由学生根据自己的需要设计出相应的"图形密码"或"文字密码"。最后把设计好的"坐标密码"分享给其他同学，大家根据"坐标密码"探寻背后的文字和美丽图案。

四、工具运用样例

学科：小学数学

教学年级： 五年级

准备材料： 方格纸、水彩笔、直尺

课堂教学活动工具运用实录：

教师：我们刚刚学习了"方格图坐标密码"，现在回顾一下，有哪几种"坐标密码"？

学生：有"图形坐标密码"和"文字坐标密码"。

教师：同学们依据"方格图中的坐标密码"的操作方法创造了很多作品，咱们一起来探寻一下密码背后的美丽图案和真诚话语吧。

1. 游戏一："图形坐标密码"

教师：大家看这是一组图形坐标密码，你们可以试着在方格中找到这些点，连一连，看看谁能先解锁这个图形。

学生：一颗心。

教师：她可以将这颗爱心献给朋友、家人、学校、我们的祖国。

教师：大家再试试这一组图形坐标密码。

学生：口罩。

教师：口罩是疫情期间我们的健康屏障，这位同学的设计关注了时事。

2. 游戏二："文字坐标密码"

教师：我们再来看这个文字坐标密码，你试着根据坐标找找对应的文字，看看谁能在这些干扰字中找到藏在背后的句子。

学生：绿水青山就是金山银山。

教师：这句话想告诉我们什么？

学生：想告诉我们要保护环境。

教师：咱们回家后可以把想说的知心话或喜欢的古诗、图画，用我们今天的形式呈现出来，把坐标密码分享给你的家人或朋友，当他们运用数对的知识看到这些文字和图的时候，一定会感受到数字背后流淌的温情。

五、工具运用效果反思

（一）实践效果

方格图作为直观的学习工具，将学科的理性和学习的趣味性相结合，简单高效，事半功倍。顺应学生的认知需求，在巩固知识，加深理解的同时，发展学生的空间观念，培养思维能力，提高学习的主动性，提升学生综合素养。此课堂活动工具既有神秘感又有挑战性，在巩固知识的同时还以一种特别的方式传递情感。

（二）学生喜爱度对比

以本节数学课为例，学生非常喜欢"方格图坐标密码"这个教学工具，认为比以往教学及练习形式趣味性更高、挑战性更强、更贴近学生生活。学生们都意犹未尽，有孩子说："老师，我们能不能在实践课时多玩会儿这个游戏，今天我都没机会让大家猜我的密码。"还有个孩子用这个方法在妈妈生日的时候给妈妈一串密码，当妈妈根据"坐标密码"在一堆干扰文字中读到"妈妈，原谅我的不懂事，我爱您"的时候特别感动。在全班 36 人对于"方格图坐标密码"这个游戏的喜爱度调查中，仅有 1 人觉得有难度，不适合自己，其余孩子都选择"喜欢"这一项（图 6-17）；学生在使用该工具后，课堂参与度也大大提升，有 29 人积极或充分参与，6 人参与度一般，仅 1 人不愿参与（图 6-18）。

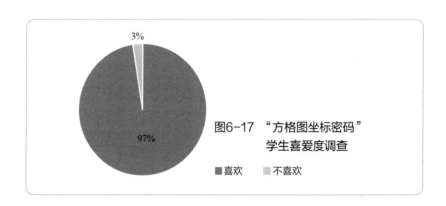

图6-17 "方格图坐标密码"学生喜爱度调查

■喜欢 ■不喜欢

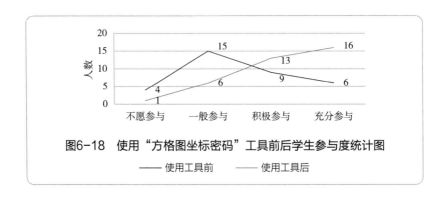

图6-18　使用"方格图坐标密码"工具前后学生参与度统计图
—— 使用工具前　　—— 使用工具后

（三）适用范围

"方格图坐标密码"是在高年级数学课学习了关于位置的知识的前提下，多学科运用的一种工具（表6-7）。具体操作过程中呈现内容可以涉及语文、英语、美术、科学、道德与法治等不同学科的知识，可以是课本内的，也可以是生活中的。学生们将他们想说的话或想画的图结合方格纸，用坐标密码呈现出来，既有神秘感又有挑战性，在巩固知识的同时还以一种特别的方式传递情感，抽象的数字也很温暖、很丰富。

表6-7　"方格图坐标密码"适用范围表

年级	学科	人数	课型	教学环节
☑高	☑数学	☑2人小组	☑新授课	□导入启动
□中	☑语文	☑4人小组	☑复习课	□呈现展开
□低	☑英语	□6人小组	☑活动课	☑练习指导
□全部	☑其他	□全班	□其他	☑复习总结
				☑评估反馈

（刘丽萍）

第六节
心愿盘

一、工具概述

"心愿盘"由转盘、指愿针和心愿卡三部分组成。心愿卡需学生课堂学习后即时生成，用于学生的延展学习或自主作业设计环节。

工具用途：

（1）发现问题，质疑解疑。学生通过学习提出问题，将心中想要了解、探究的内容写在"心愿卡"上，可以是课前预习的内容、课中回答的问题、课后完成的作业题目等等，达到有针对性地预习新知或复习巩固所学知识的目的。"心愿卡"是学生从质疑到解疑的一个过程展示，体现了学生在学习过程中的主体地位，培养了学生独立思考问题、解决问题的能力。

（2）随机转动，互领任务。通过随机转动转盘，调动学生积极参与的热情；通过"心愿盘"上"指愿针"的指向性，确定转动者需要领取的心愿任务。任务的驱动过程体现了以"学生为本"的教育理念，更好地引导学生自主选择、自主学习、自主解惑，培养了学生的自我提升能力，具有正面激励和自我挑战的作用。

（3）完成心愿，连接情感。学习者为了完成心愿任务，可以通过自己解愿、同伴解愿或小组互助解愿的形式，查找资料、交流探索、归纳总结、解决问题、完成心愿。一方面培养了学生搜寻信息的能力，学生积累知识，发现前人或他人研究的结论和成果，从而找到自己进行研究的方向和起点，不断提高自己的创造性思维。另一方面，在同伴解愿或小组互助解愿的过程中，同学之间建立起了积极主动、真诚相助的情感连接，有助于增强团结友爱和互助合作的精神。

二、工具样例展示（图6-19）

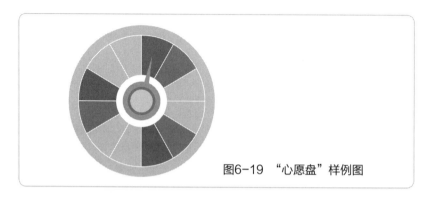

图6-19 "心愿盘"样例图

　　心愿盘可购置或自制，根据实际情况匹配心愿盘上相应的分格数量。心愿卡的大小要与心愿盘上分格的大小一致，可用不同颜色的彩纸突出不同的问题。心愿卡上的内容可以是学生自己书写问题，也可由老师提前预设问题。

三、工具运用流程（图6-20）

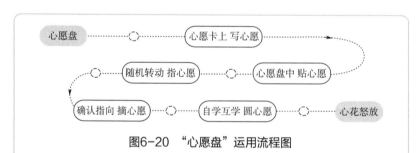

图6-20 "心愿盘"运用流程图

　　1.学生以个人或小组为单位，在教师提前准备好的不同颜色的"心愿卡"上，写出学习前或学习后，想要了解获取或复习巩固的心愿内容。

　　2.将所写的"心愿卡"贴在"心愿盘"上，展示出自己或小组要了解、巩固的相关问题和任务。

　　3.学生个人或小组代表随机转动"心愿盘"，通过"指愿针"的指向性，确定后面要完成解惑的"心愿"。（第一个转动"心愿盘"的可以是当堂课中回答问题最多的小组、某一方面表现好的同学，也可是游戏胜利者等等；最后转动的一人或一组，可直接摘走"心愿盘"上的最后一个"心愿卡"。）

　　4.确认好"心愿"后，将"心愿卡"从"心愿盘"上摘走，成为自己或小组的任务。

　　5.摘走的"心愿卡"作为课后自己或小组集体完成的学习任务，通过自己研究或小组合作，有针对性地完成"解愿"，避免了课后作业的"大锅烩"现象。

　　6.自己或小组向同学和老师进行展示交流、评价反馈。

四、工具运用样例

学科：小学音乐

教学年级：六年级

准备材料：心愿盘、心愿卡等相关资料

课堂教学活动工具运用实录：

教师：同学们，今天我们一起学习了《送你一朵东方茉莉》，下节课我们将延续"茉莉"这个关键词，学唱一首歌曲《茉莉花》，这是我们比较熟悉的一首民歌，对于这首歌曲，大家有什么想要知道的呢？请大家把你想要知道的内容写在桌上的心愿卡片上。

（学生在卡片上写下自己想了解学习的知识。）

教师：同学们都写完了自己的小小心愿，你们想知道伙伴的心愿是什么吗？让我们一起来看看吧。

（学生在心愿盘上贴心愿卡片并读出自己的心愿。）

教师：同学们想要了解的知识很多啊！你们想课下自己查找资料解愿，还是想让伙伴帮忙解愿呢？

（学生自由发言。）

教师：好，大家各有想法哈。那就由"心愿盘"来帮你们决定吧！现在请大家转动心愿盘，确定课后需要查找的相关资料，下节课大家一起交流分享。

（学生转动心愿盘，确定预习题目。转动停止后，把指示的卡片摘走。）

教师：期待下节课，大家互相展示我们的小小"心愿"。

五、工具运用效果反思

（一）实践效果

学生是课堂的主体，以"学生为本"是核心。我们明白，孩子是有差异性的，性格不同、接受力不同、喜好也不同。教师面向全体学生，要关注每一位学生的特点，因材施教；要注重每一位学生的成长，满足其个性需求。

"心愿盘"使学生成为汲取知识的主人。孩子们从写下心愿、转动转盘、领走心愿，到查找资料、交流分享、解决问题，再到复习巩固、拓宽视野、提升素养，在内驱力的不断推动下，积极、高效地完成学习任务，不仅提高了学生的自主学习能力，更让学习过程具有了较强的参与性和针对性，达到提质增效的目的。

（二）学生喜爱度对比

以音乐课《茉莉花》这节课为例，对全班 30 名学生进行了"心愿盘"喜爱程度的调查，有 27 名学生喜欢这个工具（图 6-21），其中 A 同学的感受："这个工具很有趣，转盘上的题目有老师预设的，也有我们自己想要了解的，让我更加有兴趣学习知识。"B 同学的感受："用了这个工具后，我可以根据自己的情况有针对性地选择课后预习或复习的内容，不需要所有同学都做一样的题目，所以满足了我的个性化需求，希望以后可以继续使用此工具。"C 同学（一般喜欢）的感受："心愿盘虽然很有趣，但总转不到我想要的内容，让我很着急"。

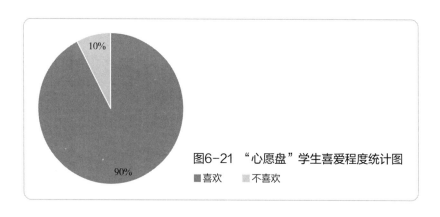

图6-21 "心愿盘"学生喜爱程度统计图
■ 喜欢　■ 不喜欢

（三）适用范围与建议

"心愿盘"作为一款以生为本，鼓励学生自主选择、自主学习的教学活动工具，适合所有年级的学生，在各学科均可使用（表 6-8）。例如：语文学科里的课文预习、数学学科中的题型选择、英语学科中的单词发音、道德与法治学科中的案例评析，以及新课预习、课中练习、课后分层巩固提升、复习课的知识梳理等等，都可以在学生的自由选择中和老师的引导下使用这个工具，既激发了学生的学习兴趣，又满足了个性需求，更好地做到了因材施教。

表6-8 "心愿盘"适用范围表

年级	学科	人数	课型	教学环节
□高	☑语文	☑2人小组	☑新授课	□导入启动
□中	☑数学	☑4人小组	☑复习课	□呈现展开
□低	☑英语	☑6人小组	☑活动课	□练习指导
☑全部	☑其他	☑全班	☑其他	□复习总结
				☑评估反馈

（谢红）

第七章

教学活动工具的应用课例

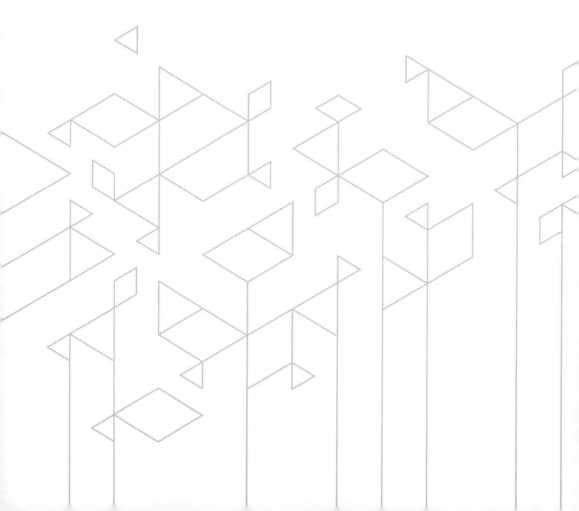

第一节
语文学科课例：一年级新授课《古对今》

一、教学设计

（一）课标要求分析

《义务教育语文课程标准（2022 年版）》中指出：识字与写字是阅读和写作的基础，是第一学段的教学重点，也是贯穿整个义务教育阶段的重要教学内容。识字与写字教学应结合学生的生活经验，采用形象直观的教学手段，创设丰富多彩的学习情境，综合运用随文识字、集中识字、注音识字、字理识字等多种识字方法，逐步发展学生的识字、写字能力。故本节课引导学生利用各种机会主动识字，提高识字教学效率。

（二）学习内容分析

本课内容是"部编本"语文教材一年级下册第二个集中识字单元的第 6 课《古对今》的第 1、2 小节。这两个小节借鉴了传统文化中有韵味的语言现象来进行识字，韵文中结构相同，以若干组意思相对的词语，呈现出各种并列的意象，营造出自然之美的意境。这两个小节包含了 8 个会认字、4 个会写字，教学中要通过随文识字的形式，运用归类识字、比较识字、看图识字、韵语识字等方法，培养学生独立识字的能力。

（三）学生情况分析

这两个小节是一年级学生第二次接触对韵歌，内容及形式不陌生。经过一年级上半学期和本学期前四单元的学习，学生已经积累了一定的识字量，初步掌握了一些识字方法。在学习这两个小节时，要引导学生观察比较，运用多种方法识记生字，鼓励一字多法，一法多用。

（四）学习目标

（1）运用多种方法认识"圆、严、寒、酷、暑、晨、朝、霞"8个会认字，会写"古、凉、细、夕"4个会写字，能准确读出字音。

（2）借助图片、联系生活实际了解词语意思。

（3）正确、流利地朗读韵文，初步感受韵律节奏美。

（五）学习重点

能通过借助图片、联系生活实际等方法识字、了解词语意思。

（六）学习难点

正确、流利地朗读韵文，初步感受韵律节奏美。

（七）教学过程

教学环节	以学生为本的教学活动工具	学习过程	活动目标	时间
联系旧知，导入新课		1. 出示之前学过的《对韵歌》，复习韵文特点，引出本节课所学韵文《古对今》； 2. 学生初读韵文，圈画出需要识记的生字，借助拼音读两个小节，读准字音； 3. 学生互相指读生字，检查生字字音	回顾旧知，为本节课学习做铺垫，激发学生学习韵文的兴趣	4分钟
再读课文，识记生字	字源我知道	（一）第一小节 1. 学习"古"。教师边示范书写，边讲解"古"的字源，学生一起空书，并积累"古"字相关词语； 2. 学习"圆"。学生用手画出"圆"的形状，引导学生思考生活中见过的圆形物体； 3. 出示中国古代铜钱图片，引导学生发现其形状特点，学习词语"外圆内方"，了解中国传统文化； 4. 教师小结："古今""圆方"都是意思相对的词语。学生整读前两句对子；	通过"字源我知道""我说词语你造句""生字我会记""连连看"等"以生为本"的教学活动工具，运用归类识字、比较识字、看图识字、韵语识字等方法，激发学生学习生字的兴趣，以生为本，培养学生独立识字的能力	20分钟

教学环节	以学生为本的教学活动工具	学习过程	活动目标	时间
再读课文，识记生字	字源我知道	5. 教师创设情境，引导学生思考"一年有哪四个季节"，引导学生发现形容四个季节特点的词语。学生分享交流怎么样记住这些生字； 6. 引发学生思考"寒"为什么是"冷"的意思。出示图片，教师讲解"寒"的字源，帮助学生理解"寒"的意思，认读词语"严寒"； 7. 出示图片，引导学生结合字形特点，识记"暑"，认读词语"酷暑"； 8. 出示"凉"，引发学生思考"两点水"的含义，复习巩固已经学过的"两点水"的生字； 9. 教师总结：带着理解，把生字放回到韵文中，学生整读第一小节	通过"字源我知道""我说词语你造句""生字我会记""连连看"等"以生为本"的教学活动工具，运用归类识字、比较识字、看图识字、韵语识字等方法，激发学生学习生字的兴趣，以生为本，培养学生独立识字的能力	20分钟
	连连看	（二）第二小节 1. 教师创设情境，引导学生想象，出示"晨""暮"图片，引导学生结合图片，将生活实际和汉字特点联系在一起，连线图片和生字，识记"晨""暮"；		
	我说词语你造句	2. 出示彩云图片，学生交流分享"霞"字的识记方法。学生拓展"雨字头"的汉字； 3. 出示"和风""细雨"的图片，引发学生思考：什么样的雨是细雨？然后出示"（ ）—细—（ ）"，引导学生组词、造句，在生活中复现，识记"细"		
运用教学活动工具复习生字	贴贴卡 小手拍一拍	1. 利用"贴贴卡"，开展趣味游戏"对对子"。引导学生从信封中的字、词卡里，根据韵文内容，找到相应的对子，摆放在一起； 2. 师生一起对对子。教师出一个字，找学生上来贴自己相应的生字卡片，其他学生在底下举起手中相对应的字、词卡，并大声朗读； 3. 最后师生一起拍手，有节奏地读韵文，随文复习生字	用"贴贴卡""小手拍一拍"工具，激发学生兴趣，帮助学生识记生字，在趣味活动中，完成"初步感受韵文节奏"这一教学目标	5分钟

教学环节	以学生为本的教学活动工具	学习过程	活动目标	时间
书写指导，学写汉字		1. 出示"古、凉、细、夕"四个字，让学生观察"凉、细"这两个字有什么特点，并提示重点笔画； 2. 教师范写书写，学生一起书空笔顺，组词接龙； 3. 描红，展示评议； 4. 学生自己观察书写"古、夕"； 5. 在书上描红一遍，书写一遍，学生互评	通过观察比较，让学生发现汉字的结构特点，通过自主观察交流、重点指导，进一步提高学生对汉字的观察和书写能力	10分钟
回顾韵文，拓展延伸		学生课后自主阅读相关读物	通过丰富多彩的阅读方式，不仅丰富学生的阅读量，还在潜移默化中培养学生广泛的阅读兴趣，扩大阅读面，提高阅读品味，认识中华文化的丰厚博大，汲取民族文化智慧	1分钟

（八）板书设计

二、教学实施

本节课共运用了 5 个教学活动工具，现将 5 个教学活动工具在教学实施中的用途及其价值做如下说明。

1. 字源我知道

本活动由教师展示出汉字的图案，包括类似于一幅画的甲骨文，再逐步展示线条化的金文、小篆、汉隶、草书等，最后呈现给学生现在使用的简化字，引导学生联系生活实际说一说。

（1）儿童认识汉字，是将汉字作为一个个完整的图形来观察、分析、思考和记忆的，这属于形象思维。依托图形来识别和记忆汉字，即为"字源识字"，契合了低年级学生的思维特点。

（2）将汉字最初的形象呈现出来，让学生从形象到抽象逐步地认识汉字，直观地认识和理解汉字。识字教学方法非常符合小学低段学生的具象思维特点，能够从视觉上刺激学生的感官，提升低段学生的识字效率。

（3）在生活化、形象化的识字情境中掌握汉字的音、形、义，掌握汉字的特点，强化学习汉字的兴趣，了解我国汉字的文化与渊源，掌握更多的汉字与传统文化。

2. 连连看

本活动由教师出示图片，引导学生结合图片，将生活实际和汉字特点联系在一起，连线图片和生字，识记生字。

低年级儿童对图画的兴趣浓于文字，给字配"画"恰当地在图画与文字的巧妙联系中，丰富了学生的想象，以学生为主体，使学生主动地、有愿望地识字，有效地提高学生识字愿望和学习效率。

3. 我说词语你造句

本活动由教师引导学生利用新学的生字进行组词、造句。

（1）刺激学生主动用词的积极性，调动学生的语言文字积累意识，教师指导用词的准确，检验学生对词汇的内化程度。

（2）在识字教学中，把生字的音、形、义结合起来，让学生在语言环境中主动识字，以发展学生的语言为中心，切实抓好说话训练，培养学生口头表达能力。

4. 贴贴卡

本活动由教师引导学生从信封中的字、词卡里，根据韵文内容，找到相应的对子，摆放在一起，师生一起对对子。教师出一个字，找学生上来自己贴相应的生字卡片，其他学生在底下举起手中相对应的字、词卡，并进行大声朗读。

（1）让学生在课堂中动起来，通过活动材料调动学生原有旧知，激发学生的好奇心和学习兴趣，增强课堂趣味性。

（2）把抽象的知识点具化，让学生在游戏活动中识记生字，掌握词语，梳理相关知识点间的联系，培养良好的信息素养，让学生切实具备获取信息、传输信息、处理信息和应用信息的能力。

（3）有利于教师结合教学需要，组织学生开展对事物进行观察、比较、分析、综合、抽象、概括、判断、推理等活动，提高逻辑思维能力。

（4）培养学生专注力。心理学研究表明，低年级学生有活泼、好动、注意力易分散的特点，这一时期的无意识记占优势。就思维发展来说，形象直观思维占主导地位。"贴贴卡"制作简易、形象直观、形式多样、运用灵活，把生字、词制作成形状多样、色彩鲜明的卡片，教学会事半功倍。

5. 小手拍一拍

本活动由师生一起拍手，有节奏地读韵文，随文复习生字。

充分体会对韵歌的特点，感受对对子的节奏、韵律，让学生在有节奏的韵文交替诵读中感受到语言本身的乐趣；以生为本，激发学生朗读韵文的兴趣，更好地把生字的音、形、义融合于记忆，进而积累语言，培养语感，传承经典，让优秀传统文化根植于学生的内心，提升学生的核心素养。

三、教学反思：让生字充满"活力"

1. 创设丰富情境，落实教学目标

在本课中，教师根据"运用多种方法随文识字"的教学目标，在识记生字的过程中，给学生展示形象、图片等较为直观的情景，通过"字源我知道""连连看""我说词语你造句""小手拍一拍"等课堂教学活动，实现"以生为本"的教学理念，使得教学过程情景化、趣味化、形象化。通过声情并茂、动静结合、情景交融的感官刺激，激发其主动学习的愿望和兴趣，促进学生积极的思维活动。

2. 通过课堂互动，激发学习兴趣

运用"贴贴卡"教学活动工具可以调动学生的学习兴趣，增强课堂趣味性，

让更多的学生参与到课堂中来。小学低年级语文教学以识字教学为主，识字量大、内容枯燥，常常出现教师教得吃力、学生学得辛苦的现象。小组活动互动学习，学生自己利用卡片找相匹配的生字朋友，让学习变被动为主动，落实了"以生为本"的教学理念。学生在对对子的学习过程中还能互相当小老师。低年级的学生表现欲较强，在教学中可以大胆放手让学生自己当老师来试着教学生，他们会信心倍增。

3. 活跃课堂氛围，促进学生思维

这一教学活动能极大地激发学生学习的热情，使得课堂气氛非常活跃，既吸引了学生的注意力，又刺激了他们大脑的积极思维。贴贴卡的使用，让教师引导学生以自主探究的形式来解读课文，感悟课文，并从中获得语言和精神的整体共识，全面提高语文素养。

一个贴贴卡，让学生感受到了学习汉字的乐趣，更好地把生字的音、形、义融合于记忆，进而积累语言，培养语感，传承经典，让优秀传统文化能够根植于学生的内心。

（陈宇婷）

数学学科课例（低年级）：一年级新授课《分类与整理》

一、教学设计

（一）课标要求分析

分类是一种重要的数学思想。在研究数学问题时，常常需要通过分类讨论解决问题，而在分类的过程中可以认识事物的共性与区别。有效的教学活动是学生学和教师教的统一，学生是学习的主体，教师是学习的组织者、引导者与合作者。在教学活动中，要让学生通过独立思考、动手操作、自主探索、合作交流等方式初步了解分类与分类标准的关系，形成初步的数据意识。学会分类，有助于学习新的数学知识，有助于分析和解决新的数学问题。

本课落实《义务教育数学课程标准（2022年版）》对于"让学生在亲身参与的动手活动中感悟分类的价值"这一要求，让学生自主选取分类标准，采用清楚简洁的结果呈现，积累活动经验。

（二）学习内容分析

分类与整理隶属于人教版一年级下册的第三单元，本单元包含了两个例题，即通过对气球与人物进行不同标准的分类，使学生在学习后能够按照给定标准进行分类计数、按照自选标准进行分类计数，同时还要求能够用简单的统计表呈现结果。

本节课主要涉及第一个例题，即将气球进行分类，通过提问"按不同形状分一分，每种气球各有几个"以及"还可以怎样分"引发学生思考，使其最终能够拥有根据不同标准将事物进行分类的能力。

（三）学生情况分析

通过课前对学生们的观察与交谈发现：由于一年级的学生年纪尚小，生活经验不足，大部分学生能够将物品进行简单分类，但他们的玩具、学具以及衣柜、书桌等都是由父母帮忙整理分类的，不少孩子甚至从未自己整理过自己的生活物品。而只有少部分孩子平日有自主按照学科与种类整理书包与学具的习惯，并能够较好地将书本按学科进行分类与整理。

（四）学习目标

（1）引导学生根据给定的标准，通过具体操作，掌握分类的方法，初步感知分类的意义，能自己确定标准并进行分类。

（2）学生能够经历简单的数据收集和整理过程，尝试运用自己的方式（图画、文字、表格等）呈现收集的数据结果，感受图表的简洁。

（3）在与实际生活的联系中，使学生体会分类的目的和作用，并试着将课上所学应用于实际生活中，学会自主整理物品。

（五）学习重点

（1）训练学生在真实情境中，能够按照不同的分类标准将事物进行分类，从而解决实际问题。

（2）通过经历自主分类的数学活动积累数学经验，让学生体会数学来源于生活并应用于生活。

（六）学习难点

学生能够用自己的方式记录整理分类的结果，并且能够感受到用图表整理的简洁性。

（七）教学过程

教学环节	以学生为本的教学活动工具	学习过程	活动目标	时间
导入启动	疯狂猜猜猜	两名学生上台，各自观察一幅图，之后面向全体，用简洁的词汇轮流描述图中信息，其余同学已知两幅图片，根据台上同学描述，猜测出两名同学分别观察的是哪幅图	对比观察两幅图片，直观体会分类整理的必要性	3分钟

教学环节	以学生为本的教学活动工具	学习过程	活动目标	时间
呈现展开	小小设计家——我是整理师	1. 以座位小组为一组进行分组活动，任意选取分类标准，如颜色或形状； 2. 小组分工合作，将气球在纸上按照各组的分类标准进行分类码放并粘贴，最后记录出分类结果； 3. 教师巡视，必要时对小组进行指导与提示，确保规定时间内不同水平的小组均能够记录出分类结果	1. 使学生经历数学活动过程，积累活动经验； 2. 在小组确定标准、拼摆、粘贴、记录的过程中感悟分类与整理的方法	15分钟
	小小设计家——展现自我	1. 按照不同的分类标准，以小组为单位进行全班汇报展示，可一人代表，也可全员介绍； 2. 其余同学负责判断与提问任务，在每组成果展示后进行生生提问与判断； 3. 教师适时引导，将分类成果进行顺序展示（分堆整理、整齐排列整理、象形统计图式整理、表格形式整理）	提升学生的语言素养，在汇报与提问总结的过程中逐步体会象形统计图的清晰与直观	15分钟
练习指导	幸运连连看	1. 认真审题，让学生用自己的语言重复叙述题意； 2. 幸运连连看：确定分类标准，将同一类型的卡片在大屏幕上进行连线； 3. 将同类卡片进行象形统计图式整理，由下而上拼摆	更换情境，巩固熟练分类方法，激发学习兴趣，使学生在游戏中熟练掌握整理的能力	5分钟
复习总结	点评大师	课堂结尾，作为小裁判的同学们互相对不同组整理师们的成果展示进行优点为主的点评，互相挖掘同学身上的闪光点，促进集体团结，总结本课	在互相表扬与反思中提升学生的归纳总结的能力，促进班级体融合。并且在点评与总结中感受分类与整理的必要性	2分钟

（八）板书设计

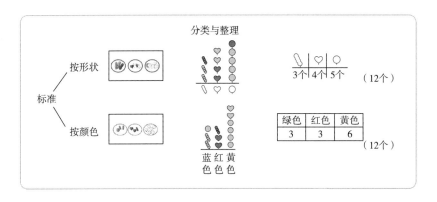

二、教学实施

本节课共运用了五个教学活动工具，现将五个活动工具在教学实施中的用途及其价值做如下说明。

1. 疯狂猜猜猜

教师在课堂伊始调动气氛，选择两名纪律表现最好的学生上台，各自观察一幅照片之后面向全体站立。大屏幕通过幻灯片的形式打出这两幅图，全体学生保持安静，出声即淘汰。请台上两人用简洁的词汇轮流描述图中信息，其余同学根据台上同学描述，猜测出两名同学分别观察的是哪幅图，可手写也可采用投票或抢答的形式。

在课堂刚开始的前几分钟，利用小游戏的形式充分调动学生积极性，激发学生对于本节课的学习兴趣，同时有效整顿课堂纪律。

在学生对比与表达的过程中，突出两张图片的区别，引出本节课的主题，即分类与整理的重要性，为之后的学习打下基础。

2. 小小设计家——我是整理师

以座位小组为一组进行分组活动，小组分工合作，先确定好分类标准，再将气球在纸上按照各组的分类标准进行分类码放并粘贴，最后整理记录出分类结果。与此同时教师进行巡视，必要时给予指导与提示，确保规定时间内不同水平的小组均能够记录出分类结果。

该活动为学生提供充足的思考、准备、交流的时间，也为之后的汇报提供了一定的基础与经验。在小组交流合作的过程中，处理分歧以及组内协调均能够提升学生的表达能力与解决问题的能力。

教师有时间分组指导，为不同水平的学生提供帮助，让每个学生都能够参与其中，并且有所思考。

3. 小小设计家——展现自我

在小组合作后进行整体的汇报展示，可一人代表，也可全员介绍。其余同学负责判断与提问任务，在每组成果展示后进行生生提问与判断。教师适时引导，将分类成果进行顺序展示（分堆整理、整齐排列整理、象形统计图式整理、表格形式整理）。

力求全员参与，由于有负责判断与提问的任务，使得其他组的同学都能够耐心认真倾听，在倾听的过程中产生疑问与思考，在提问与获得解决的过程中完成本节课重难点的教学。

由于全班同学的耐心倾听以及本组同学的支持与监督，学生在表达的时候能够认真回忆分类过程，使得分类与整理的过程在脑海中更加清晰地梳理和呈现。

4. 幸运连连看

先请同学们认真审题并提问学生能否用自己的语言复述题意，接下来确定分类标准，同时进入连连看环节，即将同一类型的卡片在大屏幕上进行连线，使台下学生看出哪些卡片为一类，并请同学们将同类卡片进行象形统计图式整理，由下而上拼摆。

当新授内容结束，学生容易进入听课倦怠期，利用孩子们的喜爱游戏与活动的心理特点，让学生在屏幕上画一画、练一练，通过游戏的环节调动学生积极性，巩固所学。

教师可提前说明，将看得最认真的同学作为下一位上台连线的同学，可以维持课堂纪律，提高学生专注度，同时提高听讲效率。听完后还需要学生自己将结果整理成象形统计图的形式，回忆刚刚的分类过程，再次完成时时间与效率均有一定程度的提高。

5. 点评大师

学生在点评同学之前会有回忆的过程，同时也是回忆整节课的学习内容，作为小裁判的同学对不同组整理师们的成果展示进行互相点评，总结本节课所学。

点评时强调先说优点，再说不足，鼓励学生发现同学身上的闪光点与好的学习习惯，有效促进集体团结，培养班内团结友善的学习氛围。

学生有机会以点评大师的身份评价同学的思考过程与成果，在回忆教学环节的过程中加深了对于本节课知识的理解，强化了重难点。

三、教学反思：让数学课堂不再枯燥

1. 数学活动贯穿始终

在"疯狂猜猜猜"环节中，通过游戏形式帮助学生初步感受分类与整理的必要性，在课堂伊始用活动吸引学生的眼球。在呈现展开环节，需要组员合作交流，分工合作，将气球在纸上按照各组的分类标准进行分类码放并粘贴，最后记录出分类结果。这其中学生会面临分类标准确立、分类方法以及分类结果呈现等诸多分歧，在面临分歧时如何选择、如何解决是培养学生能力的重要过程，相信孩子们经历了这些后，在以后的学习和生活中遇到困难都能够拥有解决问题的方法与能力。

2. 分享式课堂的应用

由于本班学生已经有了一定程度的知识储备与适当的生活经验，所以在本课中将教学的主体转变为学生，让他们去自我创造、分享自己的成果，去思考他人的作品，共同发现问题、解决问题。在本课的教学设计中，教师通过"小小设计家——我是整理师""小小设计家——展现自我"这两个主要环节让学生有充分的时间去经历探究这一过程，在自由的空间与时间里真正利用已有经验去思考、去尝试、去解决，在之后的展示过程中他们会更愿意、更有信心与底气去介绍与汇报，这一过程不仅帮助孩子做到了知识的储备与经验的积累，更是完成了自信心的建立与语言素养的提升。

3. 让兴趣成为最好的老师

在本节课上运用的"疯狂猜猜猜""小小设计家""幸运连连看""点评大师"等诸多游戏环节调动了学生的学习积极性。孩子们通过互相提问与回答，充分参与课堂，不仅使他们拥有了丰富的学习经验，同时也使知识的掌握更加深刻与牢固。课堂结束后学生不仅对本节课的内容印象深刻，并且愿意在课后试着去主动整理衣柜与书桌，之后在班级进行成果分享与展示。若这节有意思的数学课能让他们养成爱分类、爱整理、做事有条理的好习惯，那便是本节课最大的价值。

（王雨馨）

第三节

数学学科课例（高年级）：六年级新授课
《圆的面积》

一、教学设计

（一）课标要求分析

《义务教育数学课程标准（2022 年版）》（以下简称《标准》）中指出："义务教育数学课程以习近平新时代中国特色社会主义思想为指导，落实立德树人根本任务，致力于实现义务教育阶段的培养目标，使得人人都能获得良好的数学教育，不同的人在数学上得到不同的发展，逐步形成适应终身发展需要的核心素养。"同时《标准》还明确提出：教学活动应注重启发式，激发学生学习兴趣，引发学生积极思考，鼓励学生质疑问难，引导学生在真实情境中发现问题和提出问题，利用观察、猜测、实验、计算、推理、验证、数据分析、直观想象等方法分析问题和解决问题；促进学生理解和掌握数学的基础知识和基本技能，体会和运用数学的思想与方法，获得数学的基本活动经验，逐步形成核心素养。

基于对《标准》的整体把握，本课在设计时，重点落实以下目标：

① 数学活动让学生"做"起来，在"做"的过程中，引发学生"思考"，进而主动探索，最终得出结论。

② 启发学生朝着"转化"的方向去探索。"化圆为方""化曲为直"，将圆转化成学习过的平面图形（即长方形），"分的份数越多，每一份就越小，拼成的图形就会越接近一个长方形"，"极限"的思想隐含其中。

（二）学习内容分析

圆的面积是在学生认识了圆的特征、学会计算圆的周长以及学习过直线围成的平面图形面积计算公式的基础上进行教学的。由于圆是小学数学平面图形教学中唯一的曲线图形，圆的面积计算还是学生第一次接触到，对学生而言是一种跨越。因为研究曲线图形的思想、方法与直线图形相比，是有变化和提升的。教学关键之处在于学生通过观察猜想、动手操作、计算验证，自主探索、推导出圆的面积公式并能灵活应用圆的面积公式解决实际问题。因此本课的教学应紧紧围绕"转化"思想，引导学生联系已学知识把新知识纳入已有知识中分析、研究、归纳，从而完成对新知的建构，在数学活动中感受"化曲为直""等积变形""极限"等数学思想方法，进一步发展数学思维能力和解决问题的能力。

（三）学生情况分析

从学生思维特点的角度看，一般六年级的学生以抽象思维为主，已具有一定的逻辑思维能力，已经有了许多机会接触到数与计算、空间图形等较丰富的学习内容，已经具备了初步的类比、推理的数学经验，并具有了转化的数学思想。

但教参中明确指出："把圆分割成若干等份后拼成近似的长方形的方法，学生很难自主发现，因此，教材直接给出明确提示，让学生把圆分成若干等份，拼一拼。"

那么，学生的真实学习基础到底是怎样的呢？笔者对本校六年级 6 个班所有学生进行了课前调研：根据之前学习平面图形面积的经验，你打算怎样研究圆的面积？需要老师提供什么样的学习材料？可以在圆上画一画，写一写。

通过调研发现，每班学生的想法可分为以下几类：

① 点数面积单位（1~2 人/班）；

② 化圆为方（1~2 人/班）；

③ 通过分割，将圆转化为直线图形（大多数人/班）；

④ 分割圆后，观察一份再乘以份数（即找到新的面积单位）（4 人/年级）；

⑤ 零起点（2~3 人/班）。

通过这样的课前调查，我们不仅从学生的反馈中了解了他们对以往知识的掌握情况，还获得了学生对即将学习的圆的面积的初步想法，获得最近发展区：引导学生发现利用数方格和"化圆为方"的办法都不能准确计算出圆的面积后，朝着"转化"的方向去探究，提高课堂的有效性。

（四）学习目标

（1）学生理解圆面积的含义，并理解和掌握圆面积的计算公式。

（2）学生通过头脑风暴、动手操作、推理概括等活动，经历探索圆面积的全过程，渗透转化的数学思想，培养学生的推理能力，体会"无限逼近"的极限思想，积累丰富的数学活动经验。

（3）借助方格纸，帮助学生理解圆面积公式中 πr 和 r 的含义，重在体会图形面积的计算实际是面积单位的累加，培养学生的"度量"素养。

（4）学生学会与他人合作交流，初步形成评价与反思的意识，积极参与数学活动，对数学充满好奇心和求知欲。

（五）学习重点

学生在经历探索圆面积的计算方法过程中，渗透转化的思想，培养推理的能力，体会极限思想，积累数学活动经验。

（六）学习难点

运用转化思想，自行推导圆面积的计算公式，体会"无限逼近"的极限思想。

（七）教学过程

教学环节	以学生为本的教学活动工具	学习过程	活动目标	时间
导入启动	胸有成竹	课前，教师就本次研究主题"圆的面积"设计前测问题，收集整理学生打算研究圆面积的方法，以备课上使用。 1. 教师提问："我们都知道，植物的根和茎有固定支撑，以及吸收运输水分和养分的作用。那你们注意过吗？物竞天择，大多数植物根茎的横截面都是圆形的，这是为什么呢？" 2. 揭示课题：圆的面积； 3. 教师提问："你能联系之前的学习经验指一指、说一说什么是圆的面积吗？"引出圆的概念	引发学习兴趣，进入课堂教学	5分钟

教学环节	以学生为本的教学活动工具	学习过程	活动目标	时间
	头脑风暴	尝试理解每种方法，并初步判断各种方法是否可以准确得到圆的面积 回顾学生想到的可以得到圆的面积的方法 　1. 面积单位测量 　思考：17 平方厘米是这个圆的面积吗？为什么不能像之前那样用面积单位准确测量呢？ 　2. 借助正方形 　思考：能不能研究出圆的面积？在他的方法上继续想，怎样能让中间这个正方形的面积更接近圆的面积呢？ 　3. 转化 　思考：接下来怎样研究圆的面积？这个方法能研究出圆的面积吗？谁来简单介绍一下？	引导学生发现数方格和"化圆为方"的办法都不能准确计算出圆的面积后，朝着"转化"的方向去探究	10 分钟
呈现展开	逻辑菜谱	教师出示学习要求：以小组合作的方式，选择一种方法自主探究圆的面积的计算方法。 　1. 学生以小组为单位自主选择研究方法和学习材料； 　2. 结合学习素材，学生小组合作研究； 　3. 交流汇报，推导公式 　（1）转化为近似的平行四边形或长方形，渗透数学思想：化曲为直、极限思想； 　（2）将圆中一小份看成近似三角形； 　4. 数学史介绍：古代数学家刘徽的"割圆术"； 　5. 勾连面积单位测量 　思考：如果现在用方格纸测量，可以吗？用方格纸测量哪个图形？认真观察，在方格纸中，πr 和 r 分别代表什么？我们想到的这种"割圆术"的方法能想成是单位度量的结果吗？这里的面积单位是什么？	学生在操作中感知，在观察中比较、发现，在讨论与交流中总结出圆面积的计算方法，使学生经历了知识形成过程，渗透了"极限""转化""化曲为直"的数学思想	20 分钟

教学环节	以学生为本的教学活动工具	学习过程	活动目标	时间
练习指导		练习：这棵植物茎的横截面的半径是3毫米，你能计算出横截面的面积吗？	应用圆面积的计算公式解决生活中的实际问题	3分钟
复习总结		1. 教师提问："通过今天的学习，你有什么收获？" 2. 拓展延伸：展示六（5）班学生的作品 思考：他们的方法能研究出圆的面积吗？你还能想到什么方法？	引导学生应用旧知类比迁移，可以将圆转化为三角形、梯形等，实现有意识的学法指导	2分钟

（八）板书设计

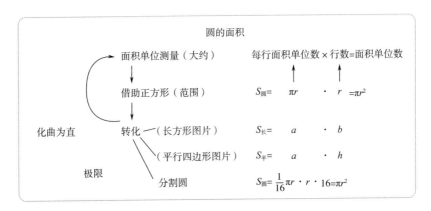

二、教学实施

本节课在教学环节中共运用了3个教学活动工具，现将这3个活动工具在教学实施中的用途及其价值做如下说明。

1. 胸有成竹

（1）"胸有成竹"是课前调研收集类的小工具。教师根据学习主题的重点与难点，设计相关问题，在不做任何引导的前提下，由学生独立自主完成作答。也可以用访谈形式进行。

（2）教学中使用"胸有成竹"工具，一方面方便教师了解学生原有的知识基础，筛选并整理来自于学生的相关教学资源，在教学设计中科学运用；另一方面，可以唤起学生的知识储备，调动其学习兴趣，从而提高课堂教学质量。

（3）使用"胸有成竹"工具后，教师找准了教学的起点，在了解学生的情感需求、学生的认知发展水平和已有经验的基础上，精心设计了满足不同水平学生需要的学习素材及学习单，使课堂教学能面向全体学生，做到分层教学，因材施教。

2. 头脑风暴

（1）"头脑风暴"是一个帮助学生产生想法，最终聚焦方案的小工具。教师提出研究主题，学生围绕主题提出自己的观点，教师再组织学生交流谈论，以聚焦可行方案。

（2）教学中使用"头脑风暴"工具，可以使学生在融洽友好的氛围中进行交流讨论，激发学生积极主动地思考，充分发表自己的想法。

（3）使用"头脑风暴"工具后，教师引导学生理解每种研究方案，并初步判断各种方法是否可以准确得到圆的面积，引领学生发现数方格和"化圆为方"的办法都不能准确计算出圆的面积后，朝着"转化"的方向去探究。

3. 逻辑菜谱

（1）"逻辑菜谱"是一个提升逻辑思维的教学工具。教师根据学习主题，提供给学生难易不同的学习材料，学生根据自己的学习能力选择合适的学习材料进行自主学习，从而实现课堂教学的分层。

（2）教学中使用"逻辑菜谱"工具，可以使学生全身心地参与学习、交流、谈论、评价的过程，实现教师的"少讲"，促进学生的深度学习，从而实现分层教学，因材施教。

（3）使用"逻辑菜谱"工具后，首先，拓宽了学生空间观念的发展空间。学生在操作中不仅清楚看到了变曲为直的过程，而且发现当份数足够多时，拼出的图形就是长方形，由此拓展了认知空间。"逻辑菜谱"工具既彰显了鲜活的课堂，又加速了学生个体空间观念的发展。其次，激励学生在"再创造"过程中培养创新能力。学生通过直观的观察、比较、思考，发现圆面积的计算实际也是通过图形的转化实现单位的累加过程。同时，这个近似的三角形也可以看作是"割圆术"中的面积单位，激发了学生的创造力，提升了学生的创新能力。

三、教学反思：让活动撬起学生思维的杠杆

1. "逻辑菜谱"为学生搭建思维碰撞的舞台

"逻辑菜谱"教学活动工具的使用，给不同水平的学生提供了选择学习方式的权利以及解决问题的方法和途径，使数学课堂成为学生思维碰撞的舞台。他们选择不同方法，利用不同素材进行研究。这些素材的使用，不仅拓宽了学生的认知空间，加速了学生个体空间观念的发展，更让他们在操作中感知，在观察中比较，在讨论中总结出圆面积的计算方法。学生发散思维的聚焦是他们思维碰撞的结果，是学生智慧的结晶。正是"逻辑菜谱"这一教学活动工具的使用，给学生提供了经历积累、质疑、表达、谈论的活动空间，激发了学生的创造力，提升了学生的创新能力。

2. "头脑风暴"确保学生产生深入且更高层次的思考

本节课的研究重点是探索总结圆面积的公式。在以往的教学中，教师会引领学生逐步操作，得出结果。而本课中使用了"头脑风暴"这一教学活动工具，使学生在正式研究前，先深入思考研究方案的目的和意义，将思维聚焦到有研究价值的方案中，并通过生生讨论，将本课研究内容与其他知识建立连接，为后续自主探索提供契机，使学生全神贯注地沉浸于研究之中。

3. "胸有成竹"为分层教学、因材施教奠定基础

《标准》中指出："教师应该以学生的认知发展水平和已有经验为基础，面向全体学生，注重启发式和因材施教。"说明教师只有充分了解学生的学习起点及学习能力，才能更好地开展教学，做到"以生为本"。本课在课前运用了"胸有成竹"这一教学活动工具，真实有效地了解到学生对圆面积公式的认知基础，并掌握了学生研究圆面积的不同方法。更为重要的是，这一调研结果是教师精心设计教学环节的有力依据，充分考虑学生的个体差异，有针对性地设计不同教学活动，再利用"逻辑菜谱"激发全体学生的学习兴趣，使学生主动获取数学知识，提高数学能力。

（王蕊）

第四节
英语学科课例：四年级新授课
《Will you do me a favor?》

一、教学设计

（一）课标要求分析

《义务教育英语课程标准（2022年版）》要求教师要创设丰富的语境，在理解和表达活动中帮助学生习得词汇和语法知识，让学生在丰富有趣的情境中，通过感知、模仿、观察、思考、交流和展示等活动，感受学习英语的乐趣。在本课的展示环节中，教师创设了多个与学生实际生活紧密相关的语境，使学生获得了积极的学习体验。

同时，课标指出教师应引导学生在语境中使用基本的礼貌用语与他人交流，并对他人的赞扬、致谢等作出恰当的回应。本课的教学内容即为使用礼貌用语请求并提供帮助。此外，根据课标中加强单元教学整体性的要求，对本单元第一、二课时中校园互助场景的部分内容加以整合，明确为"在学校""在家庭""紧急情况中"三个场景的互助对话。

（二）学习内容分析

本单元围绕"请求与提供帮助"展开，三节新授课中均呈现了校园及家庭情景下的互助对话内容。

为了使教学主题更加清晰，在本课的教学设计中，笔者截取了本单元第一、二课时中校园互助场景的部分内容，并加以整合。整合后的本课教学内容为：在开学第一天的校园大扫除中，Maomao在整理书架时抱着一大摞书请Sara帮忙搬一些；Lingling抱着一大袋物品站在教室门外，请Yangyang帮忙开门。

（三）学生情况分析

小学四年级的学生在 10 岁上下，他们对英语有很大的兴趣，具有简单的英语表达基础并乐于表达。他们非常喜爱角色扮演等课堂活动，并热爱通过小组合作完成学习任务。

四年级的学生关心且乐于帮助他人，并积极参与班级活动，愿意为班级建设贡献力量。学生在日常生活中能常常经历用中文请求或提供帮助，会使用文明礼貌用语，但不熟悉请求帮助的英文表达方式。

（四）学习目标

（1）能在恰当的语境中请求他人做某事或向他人寻求帮助。

（2）能听懂、认读 hold these books, open the door, close the window, turn on the light, turn off 等短语，并能够理解、运用"Would you please…No problem"句型。

（3）能正确、流畅地朗读课文对话。

（4）尝试利用提示词，在不同情景中创编向他人请求帮助的新对话。

（5）能在积极的情感体验中，体会帮助他人、关心他人带来的快乐，从而进一步增强主动关心他人的意识。

（五）学习重点

（1）训练学生在不同真实语言情境中，运用目标语言来请求或提供帮助，从而解决实际问题。

（2）学生能够正确、流畅地朗读课文对话。

（3）学生能够运用目标词汇和句型进行交际，为角色扮演环节做准备。

（六）学习难点

根据情景的不同，与同伴合理、熟练地运用语言，创编新对话以进行交际，并解决实际问题。

（七）教学过程

教学环节	以学生为本的教学活动工具	学习过程	活动目标	时间
导入启动	Flash Cards（过目不忘）	教师利用 PPT 的动画效果将学过的一些名词快速闪现，学生快速读出单词	复习本课将会出现的一些名词	1 分钟
呈现展开	What's Missing?（开心消消乐）	1. 教师利用动态图，将上一环节的词汇拓展为短语，讲解本课的重点知识——动词短语。学生朗读并理解短语含义； 2. 开心消消乐：教师利用 PPT 的动画效果，每次快速消失一幅图及词组。利用学生视觉记忆达到巩固效果。学生快速说出消失的短语； 3. 教师引导学生观察短语，猜测本课话题。随后教师总结这些词组使用的场景，引出本课"扫除日"的话题情景	1. 通过视觉进行语言输入，学习有关提供帮助的短语； 2. 引出本课情景	5 分钟
	What's next?（看图猜话）	教师在出示图片后播放音频，请学生跟读后猜测答语。随后教师播放动画，完整呈现对话内容。学生听句子、复述，并利用图片理解句意、猜答语	通过听觉进行语言输入；提高学生听力敏锐度	10 分钟
练习指导	Whisper（快乐传声筒）	1. 教师逐句播放对话音频，学生跟读并自己朗读对话； 2. 快乐传声筒：教师组织学生每组站成一纵队，并给每队第一个人看一个句子（主句型的变式）。各队同时开始，队员依次向后面的人耳语该句子。完成的组员迅速举手示意，根据完成速度及正确度为小组打分 学生完成学习单上的书写题，形式为选词填空或补全小短文，短文内容为课文对话的整合	1. 培养正确的语音语调； 2. 巩固主句型； 3. 通过书写培养学生复述、概括的能力；巩固重点词；练习书写	10 分钟

教学环节	以学生为本的教学活动工具	学习过程	活动目标	时间
复习总结	Magic Play（智慧魔力秀）	2人或3人一组，每组上前抽签，根据纸条上提供的某一互助场景的关键词，创编该场景的互助小对话，并根据场景及教师提供的道具设计合理的动作、表情等。 各组准备好后教师拿着魔术棒大喊"Freeze!"，所有人定住不动。随后教师走到某组旁喊"Action!"，则该组开始表演，表演完坐回座位。重复以上步骤直至所有人表演完毕	1. 通过口语输出，提升学生语言综合运用能力；调动学生课堂参与度；突破本课难点； 2. 多元化激励方式； 3. 通过歌谣总结本课主要内容	10分钟
	Easy Song（我是歌手）	我是歌手：作为演出成功的奖励，教师范唱自编歌谣，歌词为主句型及变式，之后师生同唱		
	Match the Phrases（连连看）	结合本课的评价内容，即之前各环节中教师视各组表现奖励单词卡或小图卡，组员在得到卡片后及时贴到自己组的海报上。 在本环节中，各组讨论，将单词卡（如hold）与图片（如图书）连线，使之组成短语（hold the books），并在组内朗读。	实现激励机制的多元化； 巩固本课难点	4分钟

（八）板书设计

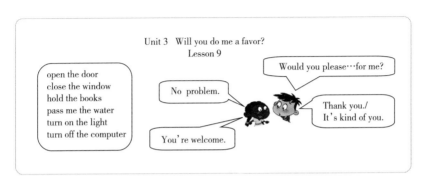

二、教学实施

本节课运用了七个教学活动工具，现将七个活动工具在教学实施中的用途及其价值做如下说明。

1. 过目不忘（Flash Cards）

教师利用多媒体技术在幻灯片中实现"闪卡"效果，学生看到闪现的词汇会快速朗读。

（1）在课堂刚开始的前几分钟，这样的视觉刺激能最快地调动学生的积极性并牢牢吸引学生的注意力。

（2）闪现的词汇为学生学习过的与本节课话题相关的旧知，学生在朗读时可以快速提取旧知，为本节课将学习的新知做准备。

2. 开心消消乐（What's Missing？）

教师利用动画效果，每次快速消失一幅图及配套词组，学生则快速说出消失的短语。

在配合动态图讲授短语含义后，教师利用学生的视觉记忆鼓励学生尝试说出消失的短语。相比单纯的讲授与记忆，回忆并关注消失的部分是趣味性更强、学习效果更佳的语言输入形式。此环节与上一个活动工具形式相似，但更具挑战性，学生在热烈参与的同时说出一系列较有难度的短语，从而达到巩固效果。

3. 看图猜话（What's next？）

教师在出示图片后播放音频，请学生跟读后猜测答语。随后教师播放动画，完整呈现对话内容。学生听句子、复述，并利用图片理解句意、猜答语。

4. 快乐传声筒（Whisper）

教师组织学生每组站成一队，并给每队第一个人看一个句子（主句型的变式）。各队同时开始，队员依次向后面的人耳语该句子。教师根据各组完成速度及正确度评价。

（1）相比于坐在课桌后听讲，这样调动肢体（Total Physical Response）并能与同伴互动的活动可以很好地活跃课堂，使得每一位学生充分参与。

（2）在与同伴的耳语中，学生能够专注于句子的听与说，从而达到巩固本课主句型的目的。

5. 智慧魔力秀（Magic Play）

各组抽签决定场景，学生根据纸条上提供的关键词创编适用于该场景的小对话。准备好后提示音响起，所有人定住不动。老师或某学生拿着魔术棒随机走到某组旁说"Action!"，该组表演。

（1）在给定场景下创编对话能够提升学生的综合语言运用能力，此环节也可以实现分层教学。对于能力较强的学生，此环节可以提高他们的创编能力及协调、领导力。对于能力较弱的学生，签纸上提供的提示词也可以作为语言支持，使他们在语言表达中获得成就感。

（2）魔术棒的运用可以增强课堂仪式感，激发学生的学习兴趣。教师或学生使用"魔术棒"道具随机指派小组进行情景表演，能够让"魔术师"（持有魔术棒的学生）及"演员"们都感受到十足的仪式感，并使得学生积极性高涨，从而提高学生的学习兴趣。

（3）提高学生专注度，促进同伴学习。以往在英语课堂的展示环节，学生常常忙于自己练习组内的表演，忽略了在台上表演的其他同学。有了"魔术棒"的"魔法"，学生会更加专注于正在表演的小组，从而更好地进行同伴学习。

（4）全身反应教学法，即TPR（Total Physical Response）的实现使得学生在边演边表达的过程中更好地掌握本课教学重难点。

6. 我是歌手（Easy Song）

教师将本课主句型及其变式作为歌词编进歌谣中，并随着配乐师生同唱。

（1）以歌曲的形式总结本课教学内容是十分新颖的。在轻快的旋律中学生可以轻松掌握新知。

（2）歌谣中出现的替换词汇为学生拓宽思路，引发学生在课后进一步思考本课主句型在生活中应用的广泛性。

7. 连连看（Match the Phrases）

教师在各教学环节中视各组表现奖励单词卡或小图卡，组员及时贴到自己组的海报上。在课程的最后环节各组将单词卡（如"hold"）与图片（如"图书"）连线，组成短语（hold the books），并在组内朗读。

（1）将与教学内容相关的词卡与图片作为评价内容，这既实现了激励机制的多元化，又巩固了新授知识点。

（2）在组内讨论连线过程中可以进一步巩固词组这一本课难点。

三、教学反思：让学习充满魔力

1. 营造课堂仪式感，提升学生参与度

在"智慧魔力秀"环节中，教师运用一支魔术棒以及夸张的戏剧表演形式，将各组学生的角色扮演串联在一起，使学生更热爱表达、勇于挑战新对话的创编。这一环节的实施实现了学生学习从被动到主动的转变，英语课堂不再枯燥无味，学生不再羞于开口。一件简单的道具成功营造了课堂固定环节的仪式感，使学生怀着期待与紧张的心情热情参与课堂。一个小巧思，让课堂更有趣；一支魔术棒，让学习充满"魔力"。

2. 充分利用激励性活动，在趣味中高效教学

根据"以学生为本"教学理念，教师要构建激励学生的学习环境，运用多种激励措施来满足学生的学习需求，如参与激励、竞争激励、荣誉激励和榜样激励等。在本课的教学设计中，教师结合多媒体技术，组织了"过目不忘""开心消消乐""快乐传声筒"等丰富多彩的激励性活动，学生在一个接一个的活动中高度集中注意力，使得教师在激发学生英语学习兴趣的同时，实现了学生学习效率的提升。学生在激励性活动"过目不忘"及"开心消消乐"中，通过参与获得了极大成就感，即实现了参与激励。在"快乐传声筒"活动中，学生又通过小组合作及组间竞争的形式巩固了本课的主句型，实现了竞争激励。

3. 组织同伴学习，教师少讲学生多学

在本课的教学设计中，教师通过"快乐传声筒""智慧魔力秀"等丰富有趣的活动组织学生进行小组合作学习。"快乐传声筒"活动中，学生通过口口相传、小组竞争的方式巩固记忆本课句型。"智慧魔力秀"活动中学生与组员合作进行对话创编、角色扮演。在同伴学习中，学生的积极性明显提升，学习效率有所提高。

（冯丽彤）

第五节
道德与法治学科课例：三年级
《走近我们的老师》

一、教学设计

（一）课标要求分析

《义务教育道德与法治课程标准（2022版）》指出：3~4年级是从小学低年级向高年级的过渡期，本学段学生已经适应了学校生活，具备一定的独立意识。学生应尊重老师，了解老师的日常工作，感受老师的辛苦；学会和同学平等相处，知道同学之间要相互尊重、友好交往。此教学设计"走近我们的老师"第一课时的内容，用具体鲜活的事例引导学生感恩老师、理解老师，在这样的感情基础上学会处理和老师之间的小误会。

（二）学习内容分析

本课是人教版《道德与法治》三年级上册第二单元"我们的学校"中的第5课，主要关注的是引导和培养师生间相互信任、真挚的情感关系。本课由两个板块组成，第一个板块是"我和老师的故事"，从学生与老师交往的角度入手，激发学生对老师的情感；第二个板块是"老师，您辛苦了"，从理性分析入手，体会老师工作的辛苦，走进老师内心世界，学会尊重老师，珍惜学校工作人员的劳动。

（三）学生情况分析

对近160名学生进行了课前调研，组织他们用绘画、文字的形式记录与老师间的故事，同时用访谈的形式了解学生与老师相处时被误会或者不被理解的事。

（1）根据调研发现学生们愿意讲述自己与老师的故事，而且观察细致，从各个方面感受到不同老师的特点：亲切、和蔼、关爱、细心、负责任、辛苦等。

（2）35%的学生与老师平时接触中发生过不被理解的情况，但大部分学生不会和老师主动说明原因，40%的学生表示与老师相处过程中没有发生过上述情况。

（四）学习目标

（1）回忆与老师的故事，体会老师对学生的关爱。

（2）通过课堂教学，了解老师工作的辛苦，萌生理解老师、信任老师的情感，学会与老师沟通。

（3）尊重和感谢老师付出的劳动，用实际行动为老师减轻负担。

（五）学习重点

回忆与老师的故事，体会老师对学生的关爱。

（六）学习难点

通过活动体验，了解老师为学生成长付出了辛勤的劳动，从而理解和尊重、体谅和关心老师，进而在师生交往中建立起民主和平等的意识，学会与老师沟通。

（七）教学过程

教学环节	以学生为本的教学活动工具	学习过程	活动目标	时间
导入启动	照片墙	师生一起开启"时光机"，回顾三年来的校园时光，老师出示学生与老师的活动照片，一起找一找熟悉的老师	激发学生了解老师的意愿，启发学生回忆和老师相处的点滴，自然地引出今天的学习主题	2分钟
呈现展开	我画/话我师	学生用绘画、文字的形式记录自己与老师间的故事，进行小组或全班展示交流	通过小组交流、全班交流，体会老师对学生的关爱，激发学生感恩老师、理解老师的情感，并勇于表达出来	10分钟

教学环节	以学生为本的教学活动工具	学习过程	活动目标	时间
练习指导	小剧场	1. 老师设置表演情境（参见教材）：放学了，丽丽刚把地面扫干净，不知道是谁又丢了纸屑，老师却批评丽丽："今天你没有认真做值日，看地上还有这么多纸屑！"丽丽觉得很冤枉…… 2. 4人一组一演，如果自己是丽丽，遇到这个小误会该怎么办？ 3. 表演后，小演员说一说自己表演时的内心想法。说一说哪种做法可以更好地解决问题？有什么建议？	①学生小组表演，体验不同的表达方式有不同的结果； ②通过表演的形式，让学生能够参与其中，充分表达自己的情感，体验师生沟通中相互尊重的重要性，完成"自我教育"的过程	15分钟
	知心小信箱	课前将学生校园生活中遇到的与老师交往时被误会的真实问题进行收集，放置于神秘信箱中，请学生随机抽取，说说如果遇到这样的小误会应该怎么办	让学生再一次回到真实的案例中，讨论并明确遇到不理解老师做法的情况和被误会时应采取的正确解决方法	8分钟
复习总结		老师总结：同学们与老师相处时，做到相互尊重、相互理解，我们的校园就会越来越美。今天我们走近了这么多可亲可敬的老师们，那我们可以做些什么，既可以减轻老师的辛苦负担，自己又可以成长进步呢？ （认真听讲、完成作业、自己管理好自己、送上温馨问候等）	通过前面的学习和活动，让学生从自己的学习活动中思考如何从自身做起为老师帮点儿忙，同时引出社会对老师这个职业的认可	5分钟

（八）板书设计

5.走近我们的老师

校园

老师　　　沟通　　　学生

尊重

二、教学实施

本节课的教学环节中共运用了 4 个教学活动工具，现将 4 个教学活动工具在教学实施中的用途及其价值做如下说明。

1. 照片墙

（1）老师利用多媒体技术播放学生入学三年来与老师在一起的校园生活照片，学生寻找自己和老师的身影。

（2）通过"时光机"的情境，学生们一起回顾老照片，激发学生了解老师的意愿，启发学生回忆和老师相处的点滴校园生活。

（3）让学生在众多照片中寻找自己和老师是他们最喜欢的活动，积极性很高，大量的校园及活动的照片快速调动了学生的思维，开启新课的学习。

2. 我画/话我师

（1）课前学生用自己喜欢的方式（绘画或文字）去表达与老师间的故事，可以是"画"老师，也可以是"话"老师，课上与同学分享自己的故事。

（2）让学生在活动中体会，老师的爱，朴实无华，温暖心田；老师的爱，深沉无言，给予力量；老师的爱，无微不至，陪伴成长。为后面解决师生相处时的小误会奠定了很好的情感基础。

（3）通过小组分享、全班交流，激发了学生感恩老师、理解老师的情感，每一位学生都勇于表达出自己对老师的感谢、关心和问候。

3. 小剧场

（1）老师利用教材中的案例设计表演情境，4 人一小组进行表演"如果你遇到这样的小误会应该怎么办"。

（2）学生在表演的过程中体会被老师误会时，如果采取不同的处理方法就会产出不同的结果，理解在与老师的相处中"沟通"的重要性。

（3）学生表演后，用现场采访的形式让学生谈一谈体会，表达自己的情感，体验师生沟通中相互尊重的重要性，完成"自我教育"的过程。

4. 知心小信箱

（1）课前将学生校园生活中遇到的与老师交往中被误会的真实问题进行收集，放入"知心小信箱"，由学生抽取后说说如何帮助这名同学。

（2）通过真实案例的分析过程，培养学生解决问题的方式、技能、价值判断的能力，让学生在讨论和交流中懂得遇到不理解老师的做法和被误会时应采取的正确解决方法。

（3）"知心小信箱"里的案例都是学生真实的案例，不脱离学生生活，学生既感到亲切，又有帮助别人的自豪感。

三、教学反思：以学生为本，开展探究式学习

1. 依托学情，尊重学生的生活积累

做好课前调研是进行课堂实践研究的重要部分，只有将学生原有的知识经验、认知水平作为教学起点，才能有针对性地进行创造性的内容选择和活动设计。

在本课中，老师了解到"大部分学生与老师产生小误会时不会主动说明情况"这一学情，设计了"知心小信箱"的教学活动工具，将学生校园生活中与老师交往的真实问题收集起来，课上由学生进行分析讨论，这些案例都是来自学生生活，学生参与积极性都非常高，他们既感到亲切，又有帮助他人的自豪感。学生在讨论和明晰案例的过程中学会解决问题。

2. 创设情境，开展创造性的活动设计

道德与法治课不能是简单地告知学生对与错，要回归生活的理念，突出人文性、实践性、综合性的特点。在教学中老师应让学生更多地参与到课堂实践活动中去，在课堂体验中感悟所学的知识，引起学生的共鸣，培养学生良好的道德素养。

在本课中老师选取了一个来自学生校园生活的真实案例，设计了"小剧场"的教学活动工具，让学生体验和感受案例中角色的心理活动，将学生置身于情境中去思、去想。表演结束后，用采访的方式让学生充分表达自己的情感，体验师生沟通中相互尊重的重要性，在同一个情境下，学生经过"讨论—表演—采访"的活动过程，情感层层递进，完成了"自我教育"的过程。

3. 课堂实践，将课内外活动相结合

在本课中老师开展"我画/话我师"的教学活动，可作为本课的作业设计。课下学生用自己喜欢的方式去表达"我眼中的老师"，课上与同学分享自己与老师的故事，将课内学习与课外实践活动很好地结合起来，既尊重了学生的已有认知，又向学生提供了乐于交流的话题，使每一位学生都勇于表达出自己对老师的感谢、关心和问候，为后面解决师生相处时产生的小误会奠定了很好的情感基础。

（周国贞）

科学学科课例：四年级新授课
《控制电路的通与断》

一、教学设计

（一）课标要求分析

《义务教育科学课程标准（2022年版）》中指出：倡导设计学生喜闻乐见的科学活动，创设愉快的教学氛围，保护学生的好奇心，激发学生学习科学的内在动机；突出学生的主体地位，利用学校、家庭、社区的各种资源，创设良好的学习情境，设计适宜的探究问题，引发学生认知冲突，激发积极思维，倡导以探究和实践为主的多样化学习方式，让学生主动参与、动手动脑、积极体验，经历科学探究以及技术与工程实践的过程；重视师生互动和生生互动，引导学生对所学知识和方法进行总结、反思、应用和迁移，促进学生自主学习和合作学习。

本课重点落实突出学生的主体地位，创设良好的学习情境，设计适宜的探究问题，引发学生认知冲突，激发积极思维，即：学生能够对探究问题进行大胆假设，通过实验、观察、类比、概括等方法，理解开关的工作原理，并能够运用所学知识制作简易开关。

（二）学习内容分析

《控制电路的通断》是湘科版教材第五单元《电》的第二课内容。它是在学习了《点亮小灯泡》一课的基础上设立的，是这一节课的延展。第一课学生们已经认识到只有形成了闭合回路才能将小灯泡点亮，而且会一直亮着。但在我们的生活中，小灯泡并不是一直亮着的。只有在我们需要让它亮起来时它才会亮，不需要它亮起来时它还可以熄灭。用开关来控制电路的通断，是本节课学习的重要内容。教师给学生提供生活中的开关实物，让学生解剖、观察开关的构造，并分析、概括出开关的结构共同点和在电路中的作用，从而启发学生找到开关能够控制电路的原因。

（三）学生情况分析

开关是我们日常生活中极其平常的物品，学生也几乎每天都会接触和使用到它。但事实上，学生虽然经常接触和使用，却很少有人知道它在电路中为什么能控制用电器的启动和关闭，它的原理是怎样的。对于开关里面是什么样的，更是知之甚少。

（四）学习目标

（1）学生会用开关来控制电路的通和断。
（2）通过观察、实验、游戏，让学生理解开关的内部结构和工作原理。
（3）通过合作学习，规范学生语言，让学生能正确讲述自己的探究过程与结论，能倾听别人的意见，并与之交流。

（五）学习重点

让学生知道生活中一般用开关来控制电路的通和断，从而解决实际问题。

（六）学习难点

学生能够理解开关如何正确控制电路的通断，并用其来解决生活中的问题。

（七）教学过程

教学环节	以学生为本的教学活动工具	学习过程	活动目标	时间
导入启动	拼图游戏	教师利用自制的电池、小灯泡教具，让学生拼摆出可以点亮小灯泡的多种方法	帮助学生巩固旧知，为后续的学习新知做铺垫	3分钟

教学环节	以学生为本的教学活动工具	学习过程	活动目标	时间
呈现展开	你说我猜	1. 教师将学生常见的开关图片都提前准备好并制作成九宫格的形式； 2. 连连看：当学生每说出一种常见开关时，教师就点开相应的图片，并介绍其名称； 3. 教师引导学生观察这些开关的变化，并使学生了解开关的变化与科技的变化息息相关	学生联系生活实际，认识开关的不同类型	2分钟
	我做你猜	教师将各种不同的开关连入电路，用开关控制小灯泡的亮与灭，让学生通过观察，结合已有的经验来猜想开关的内部结构	借助教师的演示，学生对于开关可以控制电路有了初步的认识	5分钟
	小科学家	1. 对于开关的内部结构，学生已经有了一些猜想； 2. 学生的猜想到底对不对，需要像科学家一样进行实验研究。于是此处设计了解剖开关、观察开关内部结构的实验； 3. 通过实验可以归纳概括出：结构虽五花八门，但工作原理相同； 4. 在此实验的基础上，引出了新问题：开关是如何控制小灯泡的亮与灭的？	让学生通过观察开关，探究开关的内部结构。并对开关的工作原理做进一步推测	10分钟
	蓄势待发的火箭	1. 提出研究问题：开关是如何控制小灯泡的亮与灭的？ 2. 学生进行猜想：开关金属片接触，电路连通，小灯泡亮；开关金属片断开，电路断开，小灯泡灭； 3. 实验：将开关连入电路中进行观察、记录； 4. 学生根据思维表单进行汇报	通过追问，让学生试着分析出开关的工作原理——控制电路的通断	

教学环节	以学生为本的教学活动工具	学习过程	活动目标	时间
呈现展开	蓄势待发的火箭	 问题一：当开关开口时，你观察到的实验现象是什么？ 问题二：当开关闭口时，你观察到的实验现象是什么？ 问题三：这个实验可以得出什么结论？ 反馈：由于学生得出了正确的结论，小火箭可以一飞冲天，助力成功	通过追问，让学生试着分析出开关的工作原理——控制电路的通断	5分钟
练习指导	游戏达人	1. 教师利用简单电路、铁丝、小木盒自制了"穿越火线"的小玩具； 2. 介绍玩法：用手拿住铁丝小圆环，然后通过各种形状的"路"，小圆环如果碰到"路"，蜂鸣器就会发出警报； 3. 学生玩"穿越火线"； 4. 体验结束后，教师提问：这个装置为什么会报警？它和我们今天学习的内容有什么关系？ 5. 学生会发现，这个装置其实就是一个开关	借助自制玩具，让学生将玩具与简单电路进行对比，从而培养学生的对比思维	8分钟

教学环节	以学生为本的教学活动工具	学习过程	活动目标	时间
复习总结	小发明家	1. 教师出示情境：家用净水器总有一个集水桶，水很容易溢出，这样既不安全，也不环保。如何能让水满时报警？ 2. 学生可以表达自己的想法：可以借助水的浮力，在水的表面漂浮着一个金属片、在水桶的顶端安装一个金属片。水满则浮着的金属片触碰顶端连着电线的金属片就可报警； 3. 将准备好的半成品分发给学生，让学生将自己的想法变成现实	借助情境，让学生利用所学的知识解决生活中的实际问题，培养学生解决问题的能力	6分钟

（八）板书设计

控制电路的通断

开关　电路　灯泡

开口　断开　熄灭

闭口　接通　点亮

二、教学实施

本节课运用了7个教学活动工具，现将7个教学活动工具在教学实施中的用途及其价值做如下说明。

1. 拼图游戏

本活动运用于导入启动环节。

（1）教师利用自制的电池、小灯泡教具，让学生在黑板上进行拼摆。

（2）这样的设计能最快地调动学生的兴趣，将学生的注意力吸引到课堂上。并为后续的学习做好了铺垫。

2. 你说我猜

本活动运用于呈现展开环节。

（1）教师利用 PPT 的动画效果，可将学生提到的开关相应翻开。

（2）教师在无形中激起了学生的挑战欲望，学生希望能够说出教师没有罗列的开关，所以就会充分调动自己的记忆。

（3）学生在教师的调动下不断思考，将生活中的开关类型大部分都罗列出，增进学生对开关的认识。

3. 小科学家

本活动运用于呈现展开环节。

（1）科学课离不开实验，相比生硬的实验环节，给予学生们一个角色，会让学生更有代入感，更加投入，实验过程更加认真细致。

（2）教师鼓励学生像科学家一样去思考、研究。

（3）学生各自具备相应的任务与角色。学生的参与度更高，实验完成的质量也有所提升。

4. 蓄势待发的火箭

本活动运用于呈现展开环节。

（1）教师根据教学内容提前准备好带有提示的"火箭图"，学生根据"火箭图"的提示进行学习，并将最终的学习结果填进"火箭图"，最后根据"火箭图"进行汇报。当学生习得的内容准确无误时，小火箭就得到了助力，可一飞冲天。

（2）"蓄势待发的火箭"可以引导学生逻辑思考、有序表达。它既可以将学生的思维可视化，又可以成为学生组织整理信息的帮手。

（3）在未使用此工具之前，学生们对于实验过程的记录总是草草了事，特别是在最后的归纳概括环节，即使教师给出了明显的提示，学生也缺少思考的动力。但有了"火箭图"后，"给火箭提供助力"成为了学生的思考推动力，所以学生实验过程记录的质量有了明显的提高。

5. 游戏达人

本活动运用于练习指导环节。

（1）教师将本节课的知识点制作成了"穿越火线"的玩具，让学生体验。

（2）这样的设计可以提高学生的学习兴趣，让学生充分体验"玩中学"的教学理念。

（3）知识与玩具相结合，学生在玩的过程中巩固了新授的知识点，使枯燥无味的复习环节更加高效、生动。

6. 小发明家

本活动运用于复习总结环节。

（1）教师根据本节课的教学内容创设出一个生活中存在的问题——"设计制作防溢水的开关"，然后让学生利用所学的知识进行解决。

（2）将理论与实践相结合一直是我们所追求的教学目标。这样的设计可以充分让学生感受到知识来源于生活，最终还会再回到生活，不会让学生认为知识与生活脱节。

（3）每名学生被赋予了一个角色，学生更有代入感，也更加地投入。学生们通过自己的智慧和合作的力量完成了开关的制作。

7. 我做你猜

本活动运用于呈现展开环节。

（1）教师演示将各种不同的开关分别连接到电路中，让学生对开关的内部结构进行猜测。

（2）直观地演示，有助于学生对所学知识的理解。

（3）生动有趣的教学活动工具，能够调动学生的学习欲望，让学生进行深入的思考。

三、教学反思：为学习增添助力

1. 借教学活动工具，提升学生的逻辑思考能力

在本课的教学设计中，"蓄势待发的火箭"是为提升学生逻辑思考能力而设计的。教师可以预先准备好一幅带有提示或空白的"火箭图"，引导学生在学习过程中通过自主探究、小组合作逐步完成"火箭图"各部分的学习任务，当学习任务完成时，火箭助力成功，一飞冲天。火箭从上到下分为三部分的内容，每完成一层，才能开启下一层，层层递进。"火箭图"相比以往的表单增加了趣味性，可以更加吸引学生，提升了学生的参与性。

2. 借教学活动工具，提升学生的观察能力

在本课的教学设计中，教师通过"拼图游戏""小科学家"等环节对学生进行引导，使学生在活动中通过观察学习获得了点亮小灯泡的各种的连接方法，了解了开关的内部结构，并将其转化为自己的学习经验。

在"拼图游戏"中，一名学生利用教师自制的教具进行拼摆，其余学生观察、思考、判断该种方法能否将小灯泡点亮。目的在于培养学生的整体观察能力。

在"小科学家"中，学生们像小科学家一样去观察、思考。学生们以小组为单位，观察、操作各种各样的开关，类比出开关的内部结构，目的在于培养学生的局部观察能力。

3. 借教学活动工具，有效服务教学内容

教学活动工具不是为用而用，而是在教学中真正有用、可用、实用，用的时候还要讲究用得是否恰当，是否能起到事半功倍的作用，是否会让学生真的喜欢，是否能体现减负高效。因此，在本课的教学设计中，教师组织了"拼图游戏""你说我猜""小科学家""蓄势待发的火箭""游戏达人""小发明家"等丰富多彩的教学活动。每一个活动的设立都紧围绕着教学目标，更加符合学生的年龄特点，可以让学生全身心地、积极主动地参与进来，还可以提升学生的思维与学科素养，真正地实现高效课堂。

工具虽小，力量无穷。一个小小的教学活动工具，给学习增添了助力。

（张茜）

第七节
综合实践学科课例：四年级
《老北京习俗调查之"老北京儿童游戏"》

一、教学设计

（一）课标要求分析

"老北京习俗调查之'老北京儿童游戏'"选自北京出版社《研究性学习实践与评价》四年级下册，是一次长周期大主题性的综合实践活动。

综合实践活动课程是基于学生的直接经验，密切联系学生自身生活和社会生活，注重对知识技能的综合运用，体现经验和生活对学生发展价值的实践性课程。作为一门实践性课程，研究专题要贴近学生生活，应是学生遇到的感兴趣的现象和问题。小学阶段要注重引导学生通过形式多样的活动与实践，提高实践能力，获得社会经验。

儿童游戏是最贴近学生生活又受到同学们喜爱的活动。本次综合实践活动设计引导学生搜集老北京儿童游戏的相关知识与玩法，培养实践能力，从而激发学生对老北京习俗的喜爱之情，感受京味习俗的魅力，并树立将北京传统文化传承下去的意识。

（二）学习内容分析

北京古老的文化在一代一代北京人生活积淀中孕育、发展、传承。我们学校就坐落在皇城脚下，特殊的地理位置孕育着浓浓的北京味道。北京有很多习俗，比如传统节日的习俗、老北京的礼仪、老北京的美食等。作为一个北京人，我们对生活的这片土地有着无限的热爱之情，同时也对老北京的文化有着浓厚的兴趣。然而，在现代科技高速发展的今天，传统文化习俗渐渐远离我们的视野，作为土生土长的北京人，我们有责任、有义务去传承它，使它在一代一代青少年身上得到更好的发扬。所以教师将"老北京习俗调查"作为本节课研究性学习的主题。

根据学生的学习特点，影响其学习动机的直接因素就是对事物的向往或愿望。儿童游戏是学生日常生活不可或缺的一项活动，是贴近学生生活、学生主动向往的一项活动。同时，我校开设了传统文化课程，举办了特色传统文化活动，传统文化的氛围在学生之间愈发浓厚，学生对研究传统文化的兴趣大大提高。基于这两方面的因素，将"游戏"与"传统文化"相结合，设计了老北京习俗调查之"老北京儿童游戏"。

（三）学生情况分析

（1）四年级的学生通过以前的研究性学习对于这种学习方式有了一定的了解，并积累了一些好的学习方法，自主学习的能力逐渐形成。学生对老北京民俗的相关知识有一定的兴趣与了解，大部分同学选修过与传统文化有关的选修课程。同时学生能够较为熟练地利用互联网查找资料，整理信息。

（2）学校的学生大多数为北京人，对于老北京的儿童游戏有所耳闻，甚至个别学生玩过老北京儿童游戏，但他们对这些儿童游戏的来历、道具、玩法等并不是很了解，需要在实践活动中进行再认识，这样不仅能更深入了解老北京儿童游戏，同时也能深刻地感受老北京儿童游戏的魅力。

（3）四年级学生的学习能力有些还有待提高，如：及时有效地记录活动过程性信息的能力、反思实践活动的能力、把活动体验提炼为学习经验的能力。

（四）学习目标

（1）了解什么是老北京儿童游戏，初步掌握几种老北京儿童游戏的玩法，尝试制作老北京儿童游戏的道具，与同学们进行游戏竞赛，激发学生对老北京民俗文化的热爱之情。

（2）通过自主参与探究活动，基本掌握观察、访谈、问卷调查等方法。能根据研究主题制定比较具体可行的研究方案，并有效地执行研究方案，开展探究活动。

（3）通过不同形式的展示与交流，丰富学生的研究经验，积累相关知识。学生能结合自身特长个性化地汇报研究成果，与同学进行有效交流。

（4）培养学生自我认知能力，发展自己的个性品质，提出自己的观点，积极主动地融入集体，参与活动，懂得分工与合作，主动承担责任。

（五）学习重点

通过对老北京儿童游戏的研究，引导学生认识老北京习俗文化，激发学生不断研究老北京习俗文化的兴趣。

（六）学习难点

（1）能够制定出具有可行性的研究主题，并有计划地开展实践活动，及时记录下过程性资料。

（2）撰写出条理清楚内容完整的研究报告，能结合自身优势进行个性化的展示与交流。

（七）教学过程

教学环节	以学生为本的教学活动工具	学习过程	活动目标	时间
导入启动	游戏大搜索 最佳拍档	1. 教师通过情景引入"老北京儿童游戏"的概念，并通过学生集体讨论，确定"老北京儿童游戏"中包含哪些项目，哪些游戏项目是适合四年级学生探究的； 2. 学生根据个人能力、兴趣爱好等方面分组，确定本组研究主题，撰写研究计划	学生分组确定子课题研究，并撰写研究计划	1课时
呈现展开	海报剪贴簿 我是小专家	各小组围绕本组的研究主题开展研究活动，利用调查法、访谈法、搜集法进行资料搜集与整理。初步撰写研究报告，并确定交流展示形式	搜集整理资料；初步撰写研究报告；确定汇报交流形式	2课时
练习指导	分享故事会	各小组学生通过图片展览、影像资料展示、朗读实验数据以及采访记录等方式汇报。教师、其他成员及学生本人给予适当评价	展示研究成果；完善调查报告	1课时

教学环节	以学生为本的教学活动工具	学习过程	活动目标	时间
复习总结	游戏小秀场	选择两至三项易于在课堂上开展的老北京儿童游戏进行小学互相学习，并开展竞赛活动	开展游戏小竞赛	1课时
评估反馈	摘星图	通过"摘星图"的评价量表（见附表），完成师生之间、生生之间以及小组评价	师生完成本次综合实践活动评价	1课时

（八）板书设计

二、教学实施

在综合实践活动中共运用了 7 个教学活动工具，现将 7 个活动工具在教学实施中的用途及其价值做如下说明。

1. 游戏大搜索

"游戏大搜索"教学活动工具运用于大主题下子课题的选择与确定。

（1）教师将所有同学搜集到的老北京儿童游戏进行汇总，筛选适合探究的儿童游戏。

（2）在综合实践活动子课题确立与选择阶段，教学工具的使用可以快速将学生所知的儿童游戏进行集合并加以筛选。所有子课题都来源于学生的生活经验或知识，更容易激发研究兴趣，吸引学生注意力。

2. 最佳拍档

"最佳拍档"教学活动工具用于学生分组活动环节。

（1）教师让学生分别写下自己想要探究的子课题，进行抽签盲选，相同数字的学生自动成为一组，如果子课题研究小组人员已满，则可以进行第二轮抽签活动。

（2）本活动可以将学生对子课题的喜爱程度放至最大化，将喜欢某一子课题的学生放至同一组，既能激发学生探究兴趣，也能提升学生团结合作能力。

3. 海报剪贴簿

"海报剪贴簿"用于各小组内部交流环节。

（1）学生将自己收集到的资料贴在海报纸上，全组学生共同筛选整理，形成初步汇报内容，全班进行交流，提出改进意见。

（2）通过"海报剪贴簿"活动，可以快速将学生搜集到的资料进行筛选、分类、整合，提炼研究成果，形成本组的调查报告，注重学生自主学习能力的培养。

4. 我是小专家

"我是小专家"教学活动工具运用于交流展示环节。

（1）展示可以小组为单位，也可由个人进行交流。

（2）鼓励学生用个性化方式进行成果展示，结合自己的才艺，用绘画、演讲、短剧、手工等方式进行展示交流，充分展现学生的个人风采。

5. 分享故事会

本活动运用于交流展示环节。

（1）以小组为单位进行综合实践活动终期交流展示，小组以"讲故事"的方式对本组从确立子课题、小组分工、撰写开题计划、收集资料、中期交流到终期展示等环节进行全面展示。

（2）小组汇报内容围绕子课题开展，介绍本组研究的"老北京儿童游戏"的来历、故事、玩法等。同时也可以加入本组研究过程中遇到的困难及解决办法、研究中的趣事或印象深刻的事等内容。

6. 游戏小秀场

"游戏小秀场"教学活动工具用于综合实践活动拓展阶段。

小组之间互相学习游戏的玩法和规则，选择两至三项易于在课堂上开展的老北京儿童游戏开展竞赛，不仅可以帮助各组巩固探究成果，也可提高学习兴趣。

7. 摘星图

"摘星图"教学活动工具用于综合实践活动评估反馈阶段。

运用"摘星图"教学活动工具不仅可以关注每一位学生参与研究活动过程的质量，同时注重互动性评价，利用图标和涂色的形式开展师生、生生、小组之间的评价，使同学、老师共同参与到评价的过程中来。

三、教学反思：调动学生综合实践探究活力

1. 根据学生实际，选择研究主题

在本课中，教师设计的活动主题贴近小学生的生活，符合小学生的学习特点。儿童游戏是学生日常生活不可或缺的一项活动，结合我校"传承与践行""民间手工技艺制作""茶艺""传统节日"等校本课程，关注传统文化的教育。教师将游戏与传统文化相结合，设计了老北京习俗的调查 —— "老北京儿童游戏"。

2. 根据学习内容，确定学习方式

合作活动比个体活动更为优越，在本次综合实践活动的教学设计中，教师在小组合作环节中通过"海报剪贴簿""我是小专家""分享故事会"等丰富有趣的活动组织学生进行小组合作学习。在小组合作学习中，学生与同伴共同完成任务、讨论问题，可以提高他们已有的认知水平，明显提升学生的积极性，提高学生的学习效率。

3. 根据学生特点，设计评价方式

在综合实践活动评价阶段，教师利用"摘星图"教学活动工具开展自我评价和生生评价，让每一名同学在评价过程中关注自我成长表现、肯定他人研究成

果，以发展的眼光关注学生的纵向评价，充分肯定学生在纵向评价过程反映出来的进步。同时老师有意识地放大实践中的体验，淡化最终结果，通过评价帮助学生体会收获的广泛性，增强评价对学生的激励作用。学生在各个环节中能够根据自己的能力和感兴趣的话题展示自己的学习成果，让学生在组内激励、师生激励、生生激励的评价中，激发学生的研究兴趣，提升学生的社会学习能力。

（王梦卿）

附表　评估反馈阶段教学活动工具"摘星图"

评价要点	本组自评	他组互评	师评
1. 汇报的形式新颖、有创意	☆ ☆ ☆	☆ ☆ ☆	☆ ☆ ☆
2. 全员参与，分工明确，团结协作，各展所长	☆ ☆ ☆	☆ ☆ ☆	☆ ☆ ☆
3. 汇报内容准确、详实	☆ ☆ ☆	☆ ☆ ☆	☆ ☆ ☆
4. 运用多种媒介进行汇报，效果直观，具有吸引力	☆ ☆ ☆	☆ ☆ ☆	☆ ☆ ☆
5. 能够回答他组提出的问题，进行积极的交流	☆ ☆ ☆	☆ ☆ ☆	☆ ☆ ☆
6. 仔细倾听他组的汇报，并发表意见	☆ ☆ ☆	☆ ☆ ☆	☆ ☆ ☆

注：评价指标：三颗星为"优秀"即全部达到；两颗星为"较好"即基本达到；一颗星为"再努力"，即基本未达到。

后记

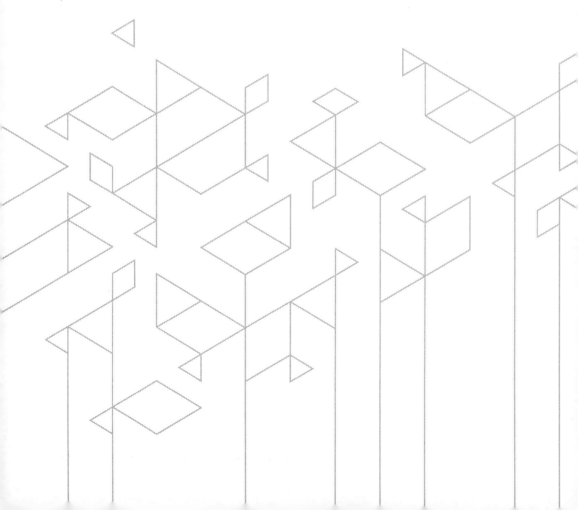

一、学生反馈

神奇的卡片

五年级5班　秦楚峰

　　我有一张卡片，它是一张彩色的卡片，看起来似乎普普通通，但是，你知道吗？它里面藏着许多秘密，充满了神奇的力量。

　　那是一节信息课。随着悦耳的上课铃声，年轻的郭老师面带微笑地走进教室，神秘地说："今天的课上，我要送给大家每人一个惊喜，记住啊，每人都有不一样的惊喜，你们可以像打开盲盒一样去揭开它神秘的面纱。现在，快挪开桌上的书看看吧。"我们的好奇心一下子被激发了，迅速行动起来。哇，是一张张漂亮的五颜六色的卡片。我迫不及待地仔细阅读起来，原来介绍的是关于鲲鹏运输机的知识，我知道了它的名字源于庄子的一段话，心中暗喜，又长了一些知识。这时，老师亲切地说："仅仅学习自己卡片上的内容可是远远不够的，现在，你们可以下位子，给自己的卡片找一找'亲人'，组成一个温暖的家。"我们兴奋极了，马上开始了四处寻找。怎么才叫"亲人"呢？一定是它们的内容有相关之处吧！我想：鲲鹏运输机的名字那么有历史渊源，一定是中国的发明创造，谁的卡片介绍的也是这方面内容呢？正在这时，李同学拿着自己的卡片走了过来，那卡片上介绍的是蛟龙号潜水艇，我们看到彼此手里的卡片，都不由自主地眼睛一亮，这不都是中国的伟大发明创造吗？我们兴奋地击掌庆祝。其他同学也纷纷给自己的卡片找到了"亲人"。我们完成任务后安静落座，老师又发给我们每组一张空白的卡片，卡片的样子很新奇，像个小小的文件夹。老师让我们根据第一张卡片的内容，在第二张卡片上写上一个适合的名字。我们小组经过讨论，决定以"中国科技"为名，我把这几个字工工整整地写在了卡片上，小小的满足感油然而生。

　　这时，老师开始向我们传授在电脑上新建文件夹，给它重命名，并且把相关文档放入文件夹的方法，我们回想着刚才的游戏过程，很快就把这看似枯燥的学习内容掌握了。

　　课后，我将小卡片珍藏了起来。对于我来说，这是一份美好的记忆，我在轻松愉快的氛围中，自主探索，构建起知识之间的联系，享受到了学习的乐趣。

难忘的一节课

五年级 3 班　刘景航

一转眼，我的小学学习生涯已经有五年了！在这五年中，我上了许多节课，课上，老师们会带我们做各种各样的活动，在不知不觉中学到了无穷无尽的知识。其中，有一节课让我至今难忘！

那是一节公开课，主题是"屋顶上的小脊兽"。祁老师首先把我们全班同学分成了六组，让组长上台像抽盲盒一样抽了一个资料袋，以这种有意思的方式来确定每个小组的研究主题。我们每个同学对自己将要抽取的主题学习任务极其期待。打开资料袋一看，我们组抽到的研究主题是"脊兽的数量"，真有一种"中大奖"的感觉，我们组对这个主题最感兴趣。袋子里还有图片资料、文字资料，满足了我们的学习研究需求。

接下来，祁老师告诉我们可以通过手工制作、绘画、思维导图等等方式来展示自己小组的研究成果，又让我们根据自己的需求去选取汇报需要用到的材料。我来到材料桌前，一看满桌的材料，可真不少！有胶棒、剪刀、尺寸不同的彩纸、活灵活现的小脊兽图片……就连筷子也在其中！真是多种多样、五颜六色，足以开一家小商店！

我们每组都选取对自己有用的材料，在研究的基础上，制作着展示道具。汇报学习的环节开始啦！有的小组用表演的形式；有的小组用上各种各样的道具，再加上互动；还有的小组教了我们记忆的小口诀，比如："一龙二凤三狮子，海马天马六押鱼，狻猊獬豸九斗牛、行什……"同学们都听得认真极了，完全投入到各组的讲解中，知识也自然而然地学懂了。这节课上，我发现祁老师说的话远远没有我们说话多，而同学们都学得轻松愉快。

课十分精彩，而且还很与众不同，不但丰富了我们的知识，还锻炼了我们的动手能力和团队合作的精神。这节课不仅激发了我们的兴趣，还激发了我们巨大的潜力！我喜欢自主探究的课堂！

小卡片　大智慧

四年级 6 班　郝紫睿

今天，我们上了一节非常有意思的科学课。因为在这节课上我们得到了张老师发给我们的一个"法宝"，是什么呢？

刚上课，只见张老师举起了若干张卡片，同学们好奇地你看看我，我看看你。这时张老师开口了："今天咱们学习交流时会有红绿灯帮忙呦！""啊？"同学们都发出了惊叹。张老师把卡片发给了我们。我仔细一看，怪不得叫红绿灯呢，原来我手里的卡片正是一红一绿，而且上边还有字，一个写着"是"，另一个写着"否"。然后张老师细致地为我们讲解了使用的规则。最后，把"红绿灯"发给了同学们，大家如获至宝，仔细端详。

在接下来的课堂上，只见在我们小组同学讨论后，每个人都拿着自己的小卡片，就像小主人一样跃跃欲试。每当老师提出问题后，大家都争先恐后地举起自己的"红绿灯"。张老师对同学们的讨论结果一目了然！哈哈，太有趣了。这样，一节课下来，我们高效地讨论交流，不仅学习了丰富的知识，而且有更多的时间参与了实验！

下了课，我们依依不舍地把"法宝"还给了张老师，好多同学还追着问什么时候还能再用上这虽小但却有魅力的卡片！我也期待着！

有趣的"魔术棒"

五年级 3 班　周靖仑

我的书桌上摆放着一根"魔术棒"。它虽然不像哈利·波特手中的魔法棒能驱鬼神，也不像巴啦啦小魔仙的魔法棒能召唤精灵，但是这也不是一根普普通通的"魔术棒"。它是英语课冯老师送给我的，顶部挂满许多亮晶晶的穗子，里面装了很多七彩的亮片，在光线照耀下闪闪发亮。

记得那一天上英语课，冯老师拿了一根漂亮的塑料棒进入教室。我们都很好奇，不禁纳闷，这个工具是干什么用的呢？课堂时间过得很快。直到我们都学习完课文和单词，都不见冯老师用到这一教具。在离下课还有 10 多分钟时，冯老师举起来了塑料棒，对我们说："现在我们要玩一个小小的游戏。"大家一听，兴奋不已。冯老师继续说道，"我们先分成 6 组。每组都要根据今天学习的课文内容进行改编，整理出对话内容，设计出合理的动作或表情等。到时，我会邀请一位幸运儿来带领大家进行表演。"冯老师说完，环顾了一下教室，问道"大家都明白了吗?"我们异口同声地回答道"明白啦!"然后，我们就分组进行讨论学习、排演。

当我和组员刚完成学习任务，还在默默背诵着自己的台词。冯老师突然指了指我，说道："孩子，今天由你来使用这个'魔术棒'吧!"于是，她把"魔术棒"递给我。我一惊，既兴奋又紧张地走上讲台，接过魔术棒。冯老师在我耳边轻轻地传授了"魔法咒语"。

我站在讲台上，环视了一下全班同学，然后挥了一下"魔术棒"，大声说："接下来我的'魔术棒'指向哪个组，然后就由那个组来表演。"我大声喊着："Action!"将魔术棒指向一组同学，手中的"魔术棒"好似真的有了魔力，被选中的小组投入地表演，其余同学则静静地欣赏。"魔法表演"环节就这样结束了，冯老师也把"魔术棒"送给了我。

这是一堂精彩有趣的英语课。这种用"魔术棒"的教学方式非常有趣。首先，"魔术棒"大大调动了我们的参与的积极性，增加了课堂的仪式感，激发了学习兴趣，让我们在快乐中学习。其次，这种方式提高了我们的专注力，更加关注到学习本身，使课堂上没有了说小话、开小差的同学。第三，我们进行分组讨论，增强了"合作意识"，还会更注意别人发言，改进自己的讲述内容，提高个人的交流能力。

一根"魔术棒"，一堂英语课，给我们带来了无穷的乐趣与无穷的"魔力"!

最喜欢的一节课

四年级 6 班　王妍霏

我上过好多有趣的课，但是我最喜欢的是一节作文课。以前上作文课，都是老师讲 20 分钟，听范文 20 分钟，真没意思。但是有一天的作文课格外有趣——夏老师让我们做了一个游戏，名字叫做"你来比划我来猜"。游戏规则是：老师出一个词，请 2 个同学一个演一个猜，猜的那个人要背对词语。当夏老师宣布游戏正式开始时，我和同学们都争先恐后地举手，我和前排的同学都把手举到夏老师眼前了，但她就是没叫我们。

第一组登场的同学演的是"打鸭子"。看，第一个同学先学小鸭子叫，然后把扫帚扔了出去，表演完毕。我们正丈二和尚摸不着头脑呢，第二个同学一下就说出了谜底，他可真聪明！接着，第二组同学闪亮登场。他们要演"小鸟依人"。表演的同学先蹲在地上叽叽喳喳学小鸟叫，然后又指了指衣服，最后又指了指自己。但这次不太顺利，猜的同学说出了"小鸡依人"，于是同学们一起喊出了谜底，她才恍然大悟。

眼看就要下课了，老师终于叫了我的名字。于是，我连蹦带跳地上台，等待着词语的到来。此时我又兴奋又紧张，夏老师终于把黑板拉开了，我和同学们顿时哄堂大笑！原来是"孙悟空"！我偷笑了一下，这真是小菜一碟！首先我把手放在脑门儿上搭凉棚，然后一只脚站立，另一只脚勾起来，来个金鸡独立。再把旁边的扫帚挥舞起来。等我表演完，台下的观众已经笑岔气了！

游戏结束后，夏老师带着我们分析了刚才我们做游戏时的语言、动作、心情、感受，以及台下观众的表情和动作。同学们都积极发言，热情程度一点不亚于刚才的游戏。开始写作文了，我们都奋笔疾书，以前我觉得作文可难写了，但这次的作文可真简单呀！每一个字、每一个词、每一句话就像开了闸的洪水一样，一下子都涌了出来。而且最后的作文可以说篇篇精彩，都堪称范文。

这样的作文课真好玩！期待下次作文课！

神奇的"红绿灯"

四年级4班　郝千墨

我是一名四年级的小学生，我喜欢我的学校，在课堂上，我增长见闻，收获知识，增长本领。

那是一节科学课！"叮叮叮"上课了，同学们陆续走进教室。科学张老师一进教室就发给我们小灯泡、导线、电池、开关等材料，原来今天是一节实验课。我们要先用导线和电池把小灯泡点亮。我和同学先用导线把小灯泡的下端栓上，把导线的另一端压在电池下面，再把小灯泡放在电池的顶端，小灯泡就亮了。这时，张老师说："你们能用开关来控制小灯泡吗？请你们试一试。"我们接着又开始进行实验，经过了不断的尝试，我们终于成功了，可以控制小灯泡了！之后，张老师又拿出神奇的"红绿灯"卡片，我们都在想这是做什么用的？大家都很好奇。这时张老师说："请你准备好'红绿灯'卡片。利用'红绿灯'卡片的颜色来回答老师的问题。"我想，老师发明的这个小工具太棒了，对于不爱举手发言的我来说，可以主动表达想法了，我真是太高兴了。接着，老师提了一系列问题，我都回答对了，心里想，这个"红绿灯"答题器真是好神奇。随着时间的流逝，"叮叮叮"下课了，我们大家在快乐有趣的课堂上学会了科学知识，还学会了使用"红绿灯"答题器。

这节课上，老师给我们带来了知识、快乐。我觉得科学是有趣的、奇妙的、神奇的，我非常喜欢上科学课。

二、教师感想

教学活动工具助力打造高质量的课堂

付春辉

东交民巷小学在"阳光教育"办学思想的引领下，一直秉承着"以学生为本"的教学理念，走过了从"以学生为本，少教多学"到"以学生为本，少讲多学"高质量课堂的建设之路。学习最终是学生的学习，只有促进学生高质量学习的课堂，才是真正的高质量课堂。因此必须树立"以学生为本"的理念，站在学生视角去思考课堂、设计教学，让学生成为课堂的主人，让知识成为学生观察、思考、探索、操作的对象，变知识为学生学习活动材料，从低阶知识转向高阶知识的探索，让学习真正地发生。

教学活动工具在课堂导入启动、呈现展开、练习指导、复习总结、评价反馈五个阶段的恰当引入、研发和使用，提升了教学内容的吸引力、发挥了教师的创造力、激活了学生的求知欲。通过宽松、和谐、愉快课堂氛围的营造，让学生在课堂中有了主动尝试的冲动、自我意识的觉醒；让教师在课堂中有了化繁为简的便捷，学识见解的提升，产生了"教"与"学"之间不愤不启、不悱不发的共鸣。

一、乘趣味之舟，促学生积极情感体验

"知之者，不如好之者；好之者，不如乐之者。"兴趣是学习积极性的内在动力，一个兴趣强烈的学生，对于课堂充满求知的渴望，对于困难充满挑战的

精神。高质量的课堂必是学生积极参与的课堂，也一定是快乐的课堂、师生关系融洽的课堂。万事情为先，教学活动工具在课堂中的有效运用，注重从情感入手，创设情境，营造愉快、轻松的课堂氛围，让学生兴奋起来，激发学生的好奇心。使有限的课堂学习呈现由表及里、由浅至深、由易到难的学习过程，激励、唤醒和鼓舞学生，引导学生全身心地参与到学习过程中，持续保持积极兴奋的状态去完成知识的学习、有效提高学生的学习效率，激发他们的创造力。

二、摇疑问之桨，激学生学习的内驱力

"道而弗牵则和，强而弗抑则易，开而弗达则思。"用问题将学生一步步引入课堂的深度学习，让有效的问题贯穿于教与学始终，学生才会真正地开动脑筋思考，实现"小疑则小悟、大疑则大悟"的效果。通过教师巧设的问题链或问题串，帮助学生主动构建知识，在探究-整合-整理-提炼的过程中，实现问题-概念-核心重点知识-核心素养的理解与领悟。让问题成为学生思维发展的"触发器"，立足于学生、着眼于教材、植根于课堂。因此触及教学重点、难点、中心点、关键点的问题是高质量课堂必不可少的。将问题串和问题链以教学工具为载体有效应用在课堂中，通过一系列问题引发学生持续性的学习行为。在教学活动工具的使用中，充分调动学生的主动性、积极性，让学生通过观察、思考和联想，在求疑、探索、发现的过程中进行逻辑思考、高阶思维，进而揭示问题本质，使学生举一反三、应用拓展的能力得以提升。

三、扬合作之帆，树学生学习的主体地位

合作是 21 世纪学生核心素养之一，是激活传统教学的活性因子。合作学习可以让学生学会明确表达自己的观点，了解对方的想法，通过开展合作学习为课堂赋能，为学习助力；通过生生之间的交流，给予更多学生表达的机会，让学生真正成为课堂的主人。合作学习更要充分发挥教师的引导作用，小组研究、头脑风暴等教学活动工具的运用，让教师的引导更具可操作性。将师生之间的纵向联系转变成生生之间的横向联系，在"学"的基础上进行展示、交流和分享，一方面是教师通过教学活动工具进行调控，另一方面是学生利用教学活动工具的参与、回应和分享，寻求答案，实现"多"学。通过合作类的教学活动工具有效地将学生组织起来，打造交流探讨、互帮互助、共同研究、共同受益的学习共同体，让所有学生都有平等的学习机会，迸发出思维和智慧撞击的火花。同时，帮

助学生掌握人际交往和合作性解决问题的技巧，承担学习的责任，满足学生人际交往、展示自我、获得他人尊重的需求。

四、借体验之风，助学生加工把握知识本质

体验是学生作为个体心身投入活动时的内在体验，以身体之、以心验之，在身心融合中激活身体经验，促进学生的学习。课堂中学生通过游戏、学具等教学活动工具的操作，使听觉、视觉、空间知觉、触觉等多种器官参与学习，触发灵感、触动灵性、情绪激昂、思维积极、感知丰富，把注意、思维、记忆、想象等心理因素调动起来，全身心参与、体验成功、获得发展。教师为学生设计适合的学习方案，使用体验式的教学活动工具，引发学生认知冲突，及时"搭桥"，建立知识与知识、知识与生活的内在联系，让学生多做、多看、多想、多说，调动学生的积极性，成为学习的设计者、指导者、帮助者，让学生在信息的海洋中获得有益的知识、策略和方法。通过教学活动工具的引导和帮助，让学生主动去"经历"知识发现、发展的过程，体验到个人与知识之间的深刻关联，激发内在动机，缩短学生和教学内容之间的心理距离，从而建立学习知识的自信，获得能力的提升。

教学活动工具的研发，使得教师行有方向，促进了教师的行动研究，教师队伍得到了提升。教学活动工具在课堂中的运用促进了教师教学理念的更新、教学流程的变革、教学组织和结构的重构，实现了从教到学的转变。帮助教师在课堂中满足不同学生的不同学习方式需求，为所有学生提供平等的机会，对课堂进行有效的调控，使师生处于"共振"状态。当学生精神不佳时，使他们振作；当学生过度兴奋时，使他们归于平静；当学生茫无头绪时，给他们指明方向；当学生没有信心时，调动他们的积极性；当学生出现差错时，让学生自己找出错误。

在"双减"工作的背景下，教学活动工具在课堂中的运用使我们的课堂也更具活力，进一步树立了"以学生为本"的教学理念。让学生学会学习，学会探索，使课堂成为充满思维的场所，让学生思维得到发展，点燃求知渴望，塑造思维品质，培育思维特性。教学活动工具的使用让课堂更加高效，从而使教学质量得到了进一步提升。

三、校长感言

校长做教师成长的引领者，
让校本培训为教师发展赋能

王文利

余新教授在《教师培训师专业修炼》一书中指出：教师作为学习者可分为自燃、易燃、可燃和不燃等四个不同的类型，且呈枣核型分布。我们非常赞同这个观点，面对教师发展的现状，校长该做点什么？如何发挥校长的引领作用，带领教师团队发展？如何让自燃、易燃的教师们数量不断增加并发挥辐射作用，让可燃的教师们获得发展的机会，让不燃的教师们点燃自我提升的意愿？让学校教师的状态分布图呈为倒梯形或倒三角形？其关键点就是寻找"助燃剂"，为教师们专业发展提供持续的动力源。

为此，我们坚信对于学校教师队伍的建设来说，校本培训显得尤为重要。在多年的学校管理实践中，我们以课堂教学活动工具研发与应用作为校本培训的主题，探索校本培训的有效路径，历经以下四个阶段。

第一，全面诊断，分层施策。要对教师团队进行"体检"，全面诊断其专业发展状况。俗话讲，知己知彼方能百战不殆。把全校教师作为一个整体，从教师的年龄结构、受教育的程度、对职业的认同和喜爱度、教育教学能力、获取新知的能力、语言交流与表达能力、团队合作能力与意识、信息技术水平等等诸多因素进行一个全面综合的诊断。诊断工作越深入，就越能找准痛点，以便对症下药。

作为管理者，首先要了解不同教师的不同状态，包括心理状态、生理状态和能力水平等，才能做到具体原因具体分析，做到分层精准施策。首先，学校教师的整体年龄偏大。"把机会让给年轻人！""让年轻人多干一些吧！"的话语会被一些"老教师"提起。这些"老教师"往往由于自身提升的主观动力不足，自觉不自觉地步入"不燃"的状态。其次，有些教师在任务面前存在"等"和"靠"的思想。任务来了，虽然不争着干、抢着干，但是，一旦自己不得不承担任务的时候，也是会尽力地去完成，此类教师则处于"可燃"的状态。再次，部分教师有强烈继续学习的需求与愿望，并能将所学在教育教学中努力实践，这类教师肯钻研，需要学习的机会与专业的引导，特别容易被"点燃"，处于"易燃"的状态。还有部分教师保持着旺盛的工作热情，有着教育激情与自己的教育追求，善于自主学习和反思，是学校的中坚力量，这类教师充满了能量，视为"自燃"的状态。

于是，我们在教师队伍建设上的具体策略是先将"自燃"和"易燃"的教师组建起来，通过不断的充电与学习，这些教师积攒的能量越来越大，以点带面，助燃更多的"可燃"与"不燃"型的教师。在校园里，学习共同体个数越来越多，教师们在同伴的感染下，研究的话题范围越扩越大，学校教师整体呈现出学习型、研究型的工作状态。

第二，关注需求，找准方法。记得在一次教师培训中，教授让教师两人一组，进行了相互喂对方喝水的小活动并谈谈感受。这个小活动震撼了我，在日常的生活中，喝水是再平常不过的事情了，可是，如果自己在有能力喝水的前提下却让旁人喂水，的确感到很别扭，不如自己拿着杯子喝的自在。这样的活动引发了大家的思考，教师的成长是需要校本培训的供给，校本培训相当于"水"，是教师成长所离不开的，可同时校本培训的方式让教师感到舒适才会更有效，是一种需要式的参与，应该是自主取水喝而不是强行喂水喝。可见，教师们的校本培训不仅应关注其渴不渴，需不需要喝水，还要关注喝水的方式。也就是说校本培训能不能点燃教师，引领教师们动起来，"内容"（水）和"方式"（自主取水喝）都很重要，两者兼顾是校本培训点燃教师的关键。

多年来，学校在校本培训中，将课堂教学质量提升视为教师发展的可燃媒介，通过校本培训引导教师聚焦"课堂质量"，也就是前面所提到的"水"，在实践中不断寻找适合的喝水器具，以恰当的方式，达到提升课堂教学质量这一核心关键。寻找恰当的方式和器具也就是校本培训应该关注的操作路径与方法，让其成为教师能够燃起来的燃料，成为促进教师自我发展与成长的动能。长期以来，我校坚持将校本培训的教师个体进行分层，培训方式分为必修和选修，培训内容与主题呈菜单组合式，在充分尊重教师意愿与需求的前提下，更关注校本培训的质量，让"口渴"的教师能够喝到优质的"水"，达到"解渴"的目的，指导教师行动的改进。

第三，以生为本，实践探索。从实践中来，到实践中去。教师校本培训要抓住课堂教学，重在提升质量。课堂教学应该说是每一位教师再熟悉不过的事情，每天都在和学生共度课堂时光。可是，同样的时间消耗，教师们的课堂质量可以说是千差万别的。共同的教研，同一份教案，不同教师、不同学生的课堂呈现教学效果不尽相同。聚焦课堂教学质量提升这一主题，通过校本培训唤醒教师群体的质量意识，关注课堂、关注质量是非常重要的。我们认为，课堂教学质量的提升最为重要的是教育观念的更新，做到眼中有学生，心中装着学生，以学生为本。

理解课堂、感受课堂，让校本培训成为点燃教师的助燃剂，影响更多的教师，让其参与其中，行动起来。校长要成为校本培训的培训师，亲自挂帅上阵，用自己的校长影响力尽可能地感染、带动更多的教师。校长只有理解教师的课堂角色，体验学生的课堂感受，明确教师在课堂中的角色定位，才能带动教师们研究"讲什么""怎样讲"和"讲得怎样"，最终成为教育教学的领导者和教师成长的引领者。

在多年的课堂教学中，常见到一种现象，就是教师们一节课下来，觉得自己的教学设计达成好像与学生脱节，或是课堂上学生学习生成的现状没有自己预设的那样有成效。教师往往比较困惑，仿佛置身在怪圈中找不到突破口。其问题的症结是教师课堂教学中自己的角色定位不准确。

记得在一次培训课上，培训师引导教师们通过思考"牧羊犬"和"领头羊"的任务分工，来进一步理解"管理"和"领导"这两个词语的不同内涵。"牧羊犬"尽职尽责，保护着吃草的羊群，更像一个管理者；"领头羊"更多的是带领着众小羊寻找着肥美的草场，引领小羊们找到嫩绿的青草，吃得饱饱的，长得壮壮的。细细品味"牧羊犬"和"领头羊"的角色，以此来看待教师们的课堂角色定位，有许多相似处。一节课的教学过程流畅，师生互动融洽，教学实效性强，教师一定扮演"领头羊"的角色，教师与学生成为一个学习的共同体，引导着学生探寻知识、学会知识。同时，教师一定会关注学生的课堂生成、情感的变化、对知识的理解，这样的课堂一定是师生平等、相互理解、相互尊重的，学生主动获取新知识，实际获得感一定是显著的。反之，如果教师在课堂中扮演的是"牧羊犬"的角色，那学生一定在教师的指挥下，有节奏地配合教师完成教学设计环节，教师只关注教学设计的达成，实际是教与学的脱节，更谈不上学习实效。长此以往，各种学生的问题就会在课堂教学中凸显，班级学生必然会呈现学生学习习惯差、不会学习、不善思考，久而久之，会进入怪圈，恶性循环。

校本培训更多的是引导教师更新观念，"领头羊"和"牧羊犬"的角色带给教师们不同的思考与启示，站的角度、高度不同，就会有不一样的答案。高质量的课堂教学要引领教师在教学过程中，融入学生的学习中，成为学习的引领者、参与者；关注学生学习过程的发生，关注学生学习中的生成，成为一个有魅力的"领头羊"，和学生一起享受课堂的成长。

第四，借力研发，不断提升。在校本培训中，第一步是唤醒意识，即引领教师主动参与，有想喝"水"的意愿。接踵而来的问题是学校如何在校本培训整体设计中为教师供给优质的"水"源。我校设计的校本培训抓住"水源"质量，从教师最为熟悉课堂入手，引导教师理解课堂、感受课堂，重新认识学生，理解学生，提出"以学生为本，少讲多学"的培训理念，从《世界咖啡》到《六顶思考帽》的阅读学习分享中，打开了教师们的视野，教师们开始反思自己的教学行为，开始思考学生体验，开始意识到备课的内涵不仅仅是准备教学内容、教材，更多的工夫应是研究学生如何学，怎样学得愉快高效，怎样的学才是有实际获得。在情境体验中、在角色互换中校本培训渐渐聚焦到"以学生为本，少讲多学"的课堂教学策略上，聚焦到课堂教学活动工具的使用与研发上。一个个鲜活的课堂教学活动工具应运而生，教师们在课堂中使用教学活动工具，看到了课堂中学生的变化，让学生的学习真正发生；教师引得恰当，学生学得轻松愉快，最为突出的变化是关注学生思维的训练。在实践中看到成效，更加坚定了"以学生为本"的课堂才是高效优质的课堂，才是教育人追求的课堂状态。效果的显现让教师们对课堂教学的研究更加投入，课堂教学活动工具的研发与运用成为有效教学不可或缺的良方。校本培训，带来的是教师们的活跃思维和自觉研究教学的愿望，想自己找"水"喝的人越来越多了，这就是在文中开篇提到的，想通过校本培训达到的目标。

校本培训要克服整齐划一的思想，更要做到分层和关注个体，精准施策，多人同案，一人一案。在充分理解尊重的前提下，调动教师个体发展的积极性和主动性，让教师学习真正发生，让教师真正感受到自身在发生着变化，让可燃的教师燃起来，让不燃的教师被唤醒，为教师个体发展赋能，这正是校本培训的意义所在，也应是校长的首要职责。

感恩一路同行有你，校本培训助力学校的发展。校长、教师在校本培训的过程中相互影响，共同成长。感谢本书选用的30个教学活动工具的研发教师们，在研发的过程中，经历了不断的思辨，反复的磨砺，从课堂实践到文稿呈现的蜕变，我们的课堂更加精彩，更加优质高效。这才是风雨之后的彩虹，这才是自我成长的快乐，这才是团队智慧的凝聚，这才是教师成长的赋能。

附：参与视频录制人员名单

参与录制学生：

于林孜、于曜珃、马江岳、马秋实、马雪涵、马瑞、王文乐、王沛恩、王妍霏、王玥尔、王昊轩、王实、王思文、王嵩、王宥然、王钰铜、王浩宇、王梓淇、王甜阳、王紫瑜、王霁萌、毛呈熙、仇天钧、方笃志、尹沛妤、石卯卯、归一、叶修齐、许洛、吕嘉琦、任天一、刘一铭、刘中明、刘双瑞、刘政硕、刘胧月、刘家佑、刘逸航、刘琦琰、刘博骥、刘紫嫣、刘景航、安文晞、许乐雯、许宸恺、孙一睿、孙雨辰、孙炜航、严悦晗、杜沐笛、杜奕璇、李抒涵、李钊睿、李忻泠、李雨橙、李佳骏、李泽辉、李律澄、李雪菲、李康康、李舒蕴、李新海、李毅航、杨雨嘉、杨承儒、杨贻辰、杨傲然、吴岳泽、吴润梓、吴逸晨、何祎宸、何博严、汪知也、宋浩宁、迟安俊南、张天泽、张宏毅、张珺尧、张静涵、张熙提、张馨月、陆璨文、陈司城、陈荣恩、陈茹涵、陈奕乐、陈炯、武晓妍、范一诺、范含章、罗一宸、金鸣哲、周海平、周靖仑、周瑾沅、郑星源、赵思齐、郝千墨、郝紫睿、胡洋逸墨、胡维翰、胡静宜、侯春壮、施静怡、姜睿宁、祝龙泽、秦邦宁、秦楚峰、耿霁玥、索天一、贾蓁蓁、原紫芊、郭圣瑞、涂治、陶稷恒、黄子涵、黄思儒、黄菩心、黄晶珣、崔译文、崔檬、曾悠扬、葛子翔、葛昭为、董煜沨、韩子彧、韩乐林、韩梓彤、韩耀霆、覃美斯、程安之、程慧娇、曾辰、温玺、温晗立、雷辰熙、路雨菲、谭昊宸、谭晟泽、黎冰玥、戴泽淙、戴爱原

参与录制教师：

李娜、张朋、郭文珊